D1754258

MIX
Papier aus verantwortungsvollen Quellen
Paper from responsible sources
FSC® C105338

Robert Lindner

Virtuelle Mauern
Veränderungen politischer Kommunikation in autoritären Staaten Das Beispiel China

Diplomica® Verlag GmbH

Lindner, Robert: Virtuelle Mauern: Veränderungen politischer Kommunikation in autoritären Staaten. Das Beispiel China, Hamburg, Diplomica Verlag GmbH 2012

ISBN: 978-3-8428-8908-8
Druck: Diplomica® Verlag GmbH, Hamburg, 2012

Bibliografische Information der Deutschen Nationalbibliothek:
Die Deutsche Nationalbibliothek verzeichnet diese Publikation in der Deutschen Nationalbibliografie; detaillierte bibliografische Daten sind im Internet über http://dnb.d-nb.de abrufbar.

Die digitale Ausgabe (eBook-Ausgabe) dieses Titels trägt die ISBN 978-3-8428-3908-3 und kann über den Handel oder den Verlag bezogen werden.

Dieses Werk ist urheberrechtlich geschützt. Die dadurch begründeten Rechte, insbesondere die der Übersetzung, des Nachdrucks, des Vortrags, der Entnahme von Abbildungen und Tabellen, der Funksendung, der Mikroverfilmung oder der Vervielfältigung auf anderen Wegen und der Speicherung in Datenverarbeitungsanlagen, bleiben, auch bei nur auszugsweiser Verwertung, vorbehalten. Eine Vervielfältigung dieses Werkes oder von Teilen dieses Werkes ist auch im Einzelfall nur in den Grenzen der gesetzlichen Bestimmungen des Urheberrechtsgesetzes der Bundesrepublik Deutschland in der jeweils geltenden Fassung zulässig. Sie ist grundsätzlich vergütungspflichtig. Zuwiderhandlungen unterliegen den Strafbestimmungen des Urheberrechtes.

Die Wiedergabe von Gebrauchsnamen, Handelsnamen, Warenbezeichnungen usw. in diesem Werk berechtigt auch ohne besondere Kennzeichnung nicht zu der Annahme, dass solche Namen im Sinne der Warenzeichen- und Markenschutz-Gesetzgebung als frei zu betrachten wären und daher von jedermann benutzt werden dürften.

Die Informationen in diesem Werk wurden mit Sorgfalt erarbeitet. Dennoch können Fehler nicht vollständig ausgeschlossen werden, und der Diplomica Verlag, die Autoren oder Übersetzer übernehmen keine juristische Verantwortung oder irgendeine Haftung für evtl. verbliebene fehlerhafte Angaben und deren Folgen.

© Diplomica Verlag GmbH
http://www.diplomica-verlag.de, Hamburg 2012
Printed in Germany

Inhaltsverzeichnis

A Einführung **11**
  1. Erkenntnisziel und Anlage der Untersuchung 11
      1.1 Forschungsleitende Fragestellung: 15
      1.2 Methodischer Rahmen 16
      1.3 Forschungsstand und Quellenkritik: 17
      1.4 Aufbau des Buches 19

B Theoretische Grundlagen **20**
  2. Politische Kommunikation in autoritären Systemen 20
      2.1 Rahmenbedingungen politischer Kommunikation in autoritären Systemen 22
          2.1.2 Politische Funktionen von Massenmedien in autoritären Systemen *22*
          2.1.2 Politische Folgekosten autoritärer Kommunikationspolitik *25*
          2.1.3 Akteure der Zivilgesellschaft in autoritären Systemen *26*
      2.2 Individuelle politische Kommunikation in autoritären Systemen 29
          2.2.1 Rezeptive politische Kommunikation *30*
          2.2.2 Interpersonale politische Kommunikation *32*
          2.2.3 Partizipative politische Kommunikation *34*
  3. Individuelle politische Kommunikation und IKT in autoritären Systemen 37
      3.1 Formen der Informations- und Kommunikationstechnologien 37
      3.2 Kommunikative Leistungspotentiale 38
      3.3 Erweiterung der individuellen politische Kommunikation durch IKT 39
          3.3.1 Rezeptive politische Kommunikation *40*
          3.3.2 Interpersonale politische Kommunikation *42*
          3.3.3 Partizipative politische Kommunikation *43*

C Die Entwicklung und Ausbreitung von Informations- und Kommunikationstechnologie in der Volksrepublik China **47**
  4. Makro- institutionelle und politisch- kulturelle Rahmenbedingungen 47
      4.1 Die Volksrepublik China im Transformationsprozess 47
          4.1.1 Politisches System *47*
          4.1.2 Gesellschaftliche Konfliktlinien *50*
          4.1.3 Entsteht in China eine Zivilgesellschaft? *53*
      4.2 Medien- und Kommunikationspolitik in der VRC 55
          4.2.1 Geschichtsabriss *56*
          4.2.2 Das chinesische Mediensystem heute: *58*
          4.2.3 Medienpolitik in der Volksrepublik China *60*
  5. Ausbreitung und Etablierung moderner Informations- und Kommunikationstechnologien in der Volksrepublik China 63
      5.1 Statistische Grundlagen 63
          5.1.1 Ausbreitung der Informations- und Kommunikationstechnologien *64*
          5.1.2 Nutzungsverhalten: *68*

    5.2   Erweiterung der individuellen politischen Kommunikation durch Informations- und Kommunikationstechnologien in der Volksrepublik China ... 71
        5.2.1   *Rezeptive politische Kommunikation* 72
        5.2.2   *Interpersonale politische Kommunikation* 74
        5.2.3   *Partizipative politische Kommunikation* 76
    5.4   Regulierung der Informations- und Kommunikationstechnologien in der Volksrepublik China 76

D   **Schlussbetrachtung** **80**
    6.   Fazit und Ausblick 80

E   **Verwendete Quellen und Literatur** **85**
    Literaturverzeichnis .... 85_Toc340591666
    Verzeichnis verwendeter Internetquellen: 99
    Verzeichnis verwendeter Online - Medienberichte 102

Verzeichnis der Abbildungen

Abb. 1:	Weltweite Pressefreiheit in Prozent der Weltbevölkerung	23
Abb. 2:	Telefonanschlüsse in der VRC 2003- 2007	66
Abb. 3:	Entwicklung der Internetnutzung in China	66
Abb. 4:	Zugangswege ins Internet in der VRC 2008	67
Abb. 5:	Altersstruktur der chinesischen Internetnutzer	68
Abb. 6:	Beschäftigungsverhältnis der Internetnutzer	69

Verzeichnis der Tabellen

Tab. 1:	Regionale Muster politischer Regime	21
Tab. 2:	Politische Funktionen der Massenmedien in Demokratien und totalitären Diktaturen	24
Tab. 3:	Formen politischer Partizipation in digitalen Netzwerken	45
Tab. 4:	Ausgewählte IKT– Indikatoren in verschiedenen Ländern 2008	65
Tab. 5:	Meistgenutzte Internetdienste in der VRC (in Prozent)	70
Tab. 6:	Die 15 meistbesuchten Internetseiten in der VRC (Januar 2009)	71

Verzeichnis der verwendeten Abkürzungen

Abb.	Abbildung
AFP	*Agence France-Presse*
AI	*Amnesty International*
Anm.	Anmerkung
ARD	Arbeitsgemeinschaft der öffentlich-rechtlichen Rundfunkanstalten der Bundesrepublik Deutschland
ASC	Arbeitskreis Sozialwissenschaftliche Chinaforschung
ASEAN	*Association of Southeast Asian Nations*
BBC	*British Broadcasting Corporation*
BBS	*Bulletin Board System*
Bd.	Band
BfV	Bundesamt für Verfassungsschutz
Blog	*web- log; Weblog*
BND	Bundesnachrichtendienst
BRD	Bundesrepublik Deutschland
BSP	*Blog Service Provider*
bspw.	beispielsweise
bzw.	beziehungsweise
ca.	circa
CASS	*Chinese Academy of Social Sciences*
chin.	chinesisch
CCTV	*Chinese Central Television*
CIA	*Central Intelligence Agency*
CMC	*computer-mediated communication/* Computervermittelte Kommunikation
CNN	*Cable News Network*
CNNIC	*China Internet Network Information Center*
CPJ	*Committee to Protect Journalists*
CRI	*China Radio International*
Ders.	Derselbe
Dies.	Dieselben
d.h.	das heißt
DW	Deutsche Welle
ebd.	Ebenda
ENGO	*Environmental Non-governmental organization*
et al.	und andere
etc.	et cetera
EU	Europäische Union
EUROSTAT	Statistisches Amt der Europäischen Gemeinschaften
FEER	*Far Eastern Economic Review*
FAZ	Frankfurter Allgemeine Zeitung
FN	Fußnote
FTD	*Financial Times* Deutschland
GAID	*Global Alliance for ICT and Development*
GAPP	*General Administration for Press and Publications*
HRiC	*Human Rights in China*
Hrsg.	Herausgeber

HRW	*Human Rights Watch*
HTML	*HyperText Markup Language*
HTTP	*HyperText Transfer Protocol*
ICANN	*Internet Corporation for Assigned Names and Numbers*
IDRC	*Internet Development Research Center*
IGCS	*Internet Guide for Chinese Studies*
IM	*Instant Messaging*
insbes.	insbesondere
i.O.	im Original
IP	*Internet Protocol*
IPI	*International Press Institute*
IPTV	*Internet Protocol Television*
IRC	*Internet Relay Chat*
ISP	*Internet Service Provider*
IT	Informationstechnologie / *Information Technology*
ITU	*International Telecommunication Union*
Kap.	Kapitel
KMT	Kuomintang / Chinesische Nationalpartei
KPCh	Kommunistische Partei Chinas
KPdSU	*Kommunistische Partei der Sowjetunion*
Mbps	*megabit per second*
MDR	Mitteldeutscher Rundfunk
MID	*Military Intelligence Department*
MII	*Ministry of Information Industry*
Mio.	Millionen
MMS	*Multimedia Messaging Service*
MOO	*MUD Object Oriented*
MPS	*Ministry of Public Security*
Mrd.	Milliarde
MSS	*Ministry of State Security*
MUD	*Multi User Domains / Multi User Dimensions*
NGO	*Non- Governmental Organization*
Nr.	Nummer / *number*
NRO	Nichtregierungsorganisation
NVK	Nationaler Volkskongress
NYT	New York Times
NZZ	Neue Züricher Zeitung
o.ä.	oder ähnliches
OECD	*Organisation for Economic Co-operation and Development*
OSCE	*Organization for Security and Co-operation in Europe*
PC	*Personal Computer*
RFA	*Radio Free Asia*
RFI	*Radio France Internationale*
ROC	Republik China (Taiwan)
RSF	*Reporters sans frontières / Reporters Without Borders*
RSS	*Rich Site Summary*
S.	Seite
SARFT	*State Administration of Radio, Film, and Television*

SARS	*Severe Acute Respiratory Syndrome*
SMS	*Short Message Service*
s.u.	siehe unten
SWZ	Sonderwirtschaftszone
SZ	Süddeutsche Zeitung
Tab.	Tabelle
TCP	*Transport Control Protocol/ Transfer Control Protocol*
u.a.	unter anderem / und andere
u.ä.	und ähnliches
UdSSR	Union der Sozialistischen Sowjetrepubliken
UNCTAD	*United Nations Conference on Trade and Development*
UNDP	*United Nations Development Programme*
UNESCO	*United Nations Educational, Scientific and Cultural Organization*
UNO	*United Nations Organization*
UNSC	*United Nations Security Council*
UNSTATS	*United Nations Statistical Commission*
URL	*Uniform Resource Locator*
urspr.	ursprünglich/e
USA	*United States of America*
usw.	und so weiter
u.U.	unter Umständen
VBA	Volksbefreiungsarmee
vgl.	vergleiche
VN	Vereinte Nationen
VoIP	*Voice over IP*
Vol.	*Volume*
VRC	Volksrepublik China
WAN	*World Association of Newspapers*
WP	*Washington Post*
WPFC	*World Press Freedom Committee*
WSJ	*Wall Street Journal*
WSIS	*The World Summit of the Information Society*
WWW	*World Wide Web*
z.B.	zum Beispiel
ZGTJNJ	*Zhongguo tongji nianjian* (Statistisches Jahrbuch China)
zit.	zitiert
ZKMK	ZK- Militärkommission
ZK	Zentralkomitee der KPC

A   Einführung

> *"Die Bürger der Volksrepublik China genießen die Freiheit der Rede, der Publikation, der Versammlung, der Vereinigung, der Durchführung von Straßenumzügen und Demonstrationen."*
>
> Art. 35, Verfassung der Volksrepublik China von 1982

1.   Erkenntnisziel und Anlage der Untersuchung

Im Sommer 2007 konnte die ganze Welt beobachten, wie die Militärjunta in Burma die von Mönchen angeführten Massendemonstrationen in ihrem Land mit Gewalt niederschlugen. Zahlreiche Bilder verwüsteter Klöster und blutüberströmter Demonstranten erreichten die ausländischen Nachrichtenkanäle und führten zu weltweiten Solidaritätsbekundungen mit der burmesischen Bevölkerung. Auffallend dabei war, dass manche verwackelte Aufnahmen oft den Kameras privater Mobiltelefone oder dubioser „TV- Sender" burmesischer Regimegegner entstammten und mit Hilfe des Internet um die ganze Welt verteilt wurden. Eine ähnliche Situation bot sich im April 2008 in Tibet, als wiederum zum größten Teil von Privatpersonen gefilmte Aufnahmen der eskalierenden Unruhen in Lhasa und deren Eindämmung durch die chinesische Armee an die Weltöffentlichkeit durchsickerten.

In beiden Fällen reagierten die Machthaber auf ähnliche Weise: Sie versuchten einerseits die nationale, bzw. regionale Kommunikationsinfrastruktur zu isolieren und deren Verbindungen zur Außenwelt zu kontrollieren, andererseits behinderten die Sicherheitsapparate in- und ausländische Berichterstatter massiv in ihrer Arbeit und nahmen bekannte Systemgegner und Aufständische rasch in Verwahrung.

Dies sind nur zwei Beispiele der jüngeren Geschichte die verdeutlichen, dass die Ausbreitung von Informations- und Kommunikationstechnologien (IKT) auch zunehmend die Kontrolle der Nachrichten- und Kommunikationsflüsse durch autoritäre Regime beeinträchtigen kann. Sie könnten als exemplarisch für den Siegeszug der weltweiten Freiheit der Kommunikationskanäle gelten, welchen schon mancher Optimist mit der Weiterentwicklung der Informations- und Kommunikationstechnologien heraufziehen sah. Ihrer Argumentation nach könnten sich die autoritären Regime der Diversifizierung und Pluralisierung von Informations- und Kommunikationskanäle langfristig nur unter sehr großen Kosten verschließen und müssten sich schließlich den Kräften der Demokratie und globalen Meinungsfreiheit beugen. Schon die Systemtransformationen in Osteuropa und Ostasien mit dem Ende des Ost- West- Konfliktes wurden zu einem nicht unwesentlichen Teil der damaligen Medienentwicklung zugeschrieben, wie z.B. dem Empfang westdeutscher, terrestrisch empfangbarer Fernsehkanäle in der DDR oder die mit verhältnismäßig wenig Aufwand kopierten und verteilten VHS- Videokassetten mit Aufnahmen des *Gwangju-Massakers* in Südkorea (vgl. O'Neil 1998, Imhof/ Schulz 1998). Dennoch lassen die Beispiele aber auch erkennen, dass die Regime selbst Gegenstrategien entwickelten, um der Entwicklung Herr zu werden, auch wenn mancher Regimegegner gelernt hat, die neuen Möglichkeiten der Vernetzung und politischen PR für sich zu nutzen.

Vor allem die Bürger der westlichen[1], demokratisch verfassten Industriestaaten konnten in wenigen Jahrzehnten eine stetige Zunahme und Ausdifferenzierung ihrer Informationsplattformen und Kommunikationsoptionen erleben. Die Zeiten, in denen man sich nur aus der Presse oder aus einigen wenigen Rundfunkmedien über politische Ereignisse informieren, und sich nur per Brief oder Telefon austauschen konnte, sind längst vorbei. Obwohl der überwiegende Teil der weltweit verfügbaren Informationen im Internet unpolitischer Art ist, bietet es inzwischen auch eine treffliche Plattform für politischen Aktivismus. Angefangen von der bloßen Vereinfachung der Informationssuche, über die Vervielfachung und Spezialisierung von Informationsanbietern, bis hin zur Möglichkeit eigener politischer Aktivität durch Publikation, Kommunikation und Vernetzung. Dieser Entwicklung wurde in vielen Wissenschaftsgebieten, insbesondere in den Politik- und Kommunikationswissenschaften, Rechnung getragen. Zahlreiche Studien befassten sich mit Themen wie dem Einfluss von Fernsehen auf politische Partizipation oder auf Wahlkampfstrategien, der politischen Diskussion in Internetforen, den verschiedenen Formen von *e-governance* etc.

Der Überlegung folgend, dass selektive technologische Modernisierung nur unter sehr großen Schwierigkeiten möglich ist und die technische und inhaltliche Konvergenz der IKT durch technologische Weiterentwicklung immer stärker zunehmen werden, stehen die zahlreichen autoritären Regime der Welt vor einer schwierigen Entscheidung: Sie können einerseits versuchen, sich durch Investitionen in Forschung, Bildung und Infrastruktur zu modernisieren,

---

[1] *Der Westen* deckt sich weitgehend mit dem Begriff *Industrieländer*, worunter man die westlichen industrialisierten Staaten, die sich durch ein hohes Pro-Kopf-Einkommen, einen hohen Technologisierungsgrad etc. auszeichnen. Die Formulierung *der Westen* betont zusätzlich die gemeinsamen geschichtlichen und kulturellen Wurzeln, als auch eine gewisse Kongruenz ihrer Interessen und Perzeptionen in den internationalen Beziehungen (vgl. Nohlen 2002).

riskieren damit aber auch eine eventuelle Schwächung ihrer kommunikationspolitischen Kontrolle durch die sukzessive Vervielfachung der Informations- und Kommunikationsoptionen der Bevölkerung. Zum anderen können Sie die Ausbreitung moderner Technologien weitestgehend unterbinden bzw. nur ausgewählten Eliten zugänglich machen, geraten damit aber in Gefahr einer wirtschaftlichen und gesellschaftlichen Stagnation sowie der Vergrößerung des Rückstands zu den modernen Industriestaaten. Einen dritten Weg stellt der Versuch dar, gezielte technologische Modernisierung zuzulassen. Dieser würde das Regime aber zu einer fortwährenden und aufwendigen Anpassungsleistung der Zensurmechanismen und Überwachungsapparate an sich ständig verändernde infrastrukturelle und gesellschaftliche Rahmenbedingungen zwingen.

Die Bedeutung dieser Entwicklung lässt sich nicht zuletzt an den aktuellen Berichten über die weltweite Pressefreiheit der verschiedenen Nichtregierungsorganisationen ablesen, denen zufolge ein Grossteil der Menschen in der Welt noch immer in Staaten mit stark regulierten bzw. staatlich kontrollierten Mediensystemen und mehr oder weniger stark eingeschränkten kommunikativen Grundrechten lebt. Laut *Freedom House*- Index (vgl. Freedomhouse 2008a) lebten 2008 nur 18% der Weltbevölkerung in den 72 Ländern mit „freien" Mediensystemen. Dagegen 40% (in 59 Ländern) im mittleren Bereich der „teilweise freien" Mediensysteme und ganze 42% (64 Länder) im untersten Drittel. Die Statistiken der *Reporters sans frontières* (RSF) oder des *International Press Institute* (IPI) zeichnet ein ähnliches Bild[2], aber egal welche Daten man nimmt wird es deutlich, dass der überwiegende Teil der Menschen auf der Welt in relativ geschlossenen und kontrollierten Mediensystem leben, in welchem nur eine Minderheit darüber entscheidet, über was der Grossteil der Bevölkerung sich frei informieren und diskutieren darf.

Trotz der Aktualität und Bedeutsamkeit des Themas finden sich bislang kaum theoretische Vorüberlegungen oder gar systematisch vergleichende Untersuchungen in der Politik- oder der Kommunikationswissenschaft über die Auswirkungen der IKT auf politische Kommunikation in autoritären Systemen. Der überwiegende Anteil themenverwandter Arbeiten stammt aus den Regionalwissenschaften und befasst sich mit einzelnen IKT und verschiedenen Aspekten politische Kommunikation bestimmter Länder oder Regionen, ohne sich allzu sehr um eine allgemeine Vergleichbarkeit zu bemühen. Zudem bleiben viele Arbeiten einseitig auf das Modethema Internet beschränkt und die Etablierung anderer Technologien sowie die zunehmende Konvergenz der IKT oft unberücksichtigt, bzw. – nach Ansicht des Autors – häufig unterschätzt (vgl. Damm 2006, Kalathil/Boas 2004).

---

[2] Siehe: *Reporters sans frontières* 2008a und *International Press Institute* 2007

Die vorliegende Studie setzt genau an diesem Punkt an und versucht einen ersten Schritt zum Aufhellen dieses blinden Flecks in der Forschungslandschaft zu gehen und damit den Fokus politischer Kommunikationsforschung auch auf die veränderten Rahmenbedingungen in autoritären Systemen zu erweitern. Sie versucht im theoretischen Teil herauszuarbeiten, welches Potential moderne Informations- und Kommunikationstechnologien besitzen, um die „klassische" Medienkontrolle autoritärer Systeme zu umgehen und zivilgesellschaftlichen Akteuren erweiterte Möglichkeiten der Information, Kommunikation und Partizipation zur Verfügung zu stellen. Entgegen dem Großteil anderer einschlägiger Arbeiten soll der Fokus nicht allein auf das Internet verengt werden, sondern ebenfalls der Weiterentwicklung anderer bedeutender IKT, wie dem Mobilfunk und dem Rundfunk, sowie der zunehmenden technischen und inhaltlichen Konvergenz der verschiedenen IKT Rechnung tragen.

Die Studie orientiert sich dabei an dem reichhaltigen Fundus der kommunikations- und politikwissenschaftlichen Forschung zu den Veränderungen politischer Kommunikation in demokratisch verfassten Gesellschaften, an Modellen und Forschungsarbeiten aus der politischen Partizipationsforschung sowie an soziologischen Arbeiten zu sozialen Bewegungen und Zivilgesellschaft.

Im praktischen Teil der Studie werden die theoretischen Überlegungen am Fallbeispiel der Volksrepublik China (VRC) überprüft. Für die Wahl dieses Landes gab es eine Reihe von Gründen: Gerade im Olympiajahr 2008 war es auch in Deutschland kaum möglich der Mediendarstellung über China zu entgehen. Sowohl in der breiten Öffentlichkeit, als auch in der wissenschaftlichen Fachwelt wurden kontroverse Diskussionen über die Chancen und Risiken eines starken China für die Welt im Allgemeinen, und die Menschenrechte und die Pressefreiheit im Besonderen geführt. Zahlreiche Konferenzen, Seminare und Podiumsdiskussionen mit klingenden Namen wie: *Braucht China mehr Demokratie?*[3], *China: Öffentlichkeit und Medien im Olympiajahr 2008*[4], oder *One World, Different Dreams: Olympia 2008 und die Folgen für China*[5] etc. reihten sich aneinander. Weitestgehend unstrittig dürfte das Argument sein, dass die VRC durch ihre wirtschaftliche und militärische Stärke sowie durch das Selbstbewusstsein ihrer politischen Führung inzwischen eine Vorbildfunktion für andere autoritäre Regime der Welt spielt. Für das Thema dieser Studie ist dabei besonders der Umstand interessant, dass es die kommunistische Partei Chinas trotz der zunehmenden Durchdringung der chinesischen Gesellschaft mit modernen IKT bisher

---

[3] Bundeszentrale für politische Bildung, Universitätsclub Bonn, 16.06.2008
[4] Heinrich-Böll-Stiftung, Berlin, 20.05.2008
[5] GIGA Hamburg, 24.09.2008

weitestgehend geschafft zu haben scheint, die kommunikative Kontrolle zu behalten. Sie stellt damit für andere autoritäre Regime eine attraktive Alternative zum westlichen Entwicklungs- und Demokratisierungsmodell dar, welches lange Zeit der modernisierungstheoretischen Annahme folgte, dass eine wirtschaftliche und technische Entwicklung mit der Zunahme demokratischer Forderungen der Bevölkerung einhergehe.

Ein weiterer, eher pragmatischer Grund der Wahl Chinas war, dass die Volksrepublik als das bevölkerungsreichste autoritäre Regime und die drittgrößte Volkswirtschaft der Erde prominent ins Licht der Weltöffentlichkeit rückte. Damit verbunden ist auch eine hohe Publikationsdichte ausländischer und chinesischer Wissenschaftler über die verschiedenen Aspekte der chinesischen Transformation. Im Zuge der graduellen Öffnung des Landes seit Einleitung der Reformen unter Deng steht der Forschung im Falle Chinas entgegen vieler anderer autoritärer Regime daher eine verhältnismäßig vielfältige und belastbare Datengrundlage zur Verfügung (vgl. Kapitel 1.2).

1.1   Forschungsleitende Fragestellung:

Die öffentliche Debatte über das Internet in China und der auffallende Mangel an wissenschaftlicher Beschäftigung mit politischer Kommunikation in autoritären Systemen im Zeitalter der IKT erregten das besondere Interesse des Verfassers. Um den Rahmen der Untersuchung nicht zu überspannen, wurde das Erkenntnissinteresse auf die Entwicklung der *individuellen politischen Kommunikation* der Bürger autoritärer Systeme begrenzt und soll am konkreten Beispiel der Volksrepublik China überprüft werden. Vor diesem Hintergrund untersucht die Studie folgende forschungsleitende Fragen:

1. Wie verändert sich die individuelle politische Kommunikation der Bürger der VRC, wenn sich ihre Kommunikationsoptionen um die Möglichkeit der Nutzung moderner Informations- und Kommunikationstechnologien erweitern?
2. Welche relevanten zivilgesellschaftlichen Akteure in der VRC könnten vom einem eventuellen Anstieg der Kommunikationsoptionen in besonderem Maße profitieren?

Aus diesen Fragestellungen resultierte zunächst die Notwendigkeit der Klärung folgender theoretischer Unterfragen:

- Wie gestaltet sich individuelle politische Kommunikation in autoritären Systemen?
- Welche besonderen kommunikativen und politischen Leistungspotentiale zeichnen moderne IKT aus und inwiefern können diese einen Beitrag zur Erweiterung der individuellen politischen Kommunikation der Bürger autoritärer Staaten leisten?

Für den spezifisch chinesischen Kontext müssen zudem noch diejenigen Aspekte zusammentragen werden, welche dazu nötig sind, die aktuelle Situation in China besser zu verstehen:

- Wie sind die grundlegenden Rahmenbedingungen des politischen Systems und der Medienkontrolle in der VRC ausgestaltet?
- Inwieweit ist die infrastrukturelle Entwicklung der IKT in der VRC vorangeschritten und welche IKT werden durch die verschieden Teile der chinesischen Gesellschaft genutzt?

1.2 Methodischer Rahmen

Bei der Konzeption einer Untersuchung über ein autoritäres System stellt sich schon zu Anfang die Frage nach Herkunft und vor allem Zuverlässigkeit empirischer Daten über das Forschungsobjekt. Schließlich wollen sich Regime wie die Volksrepublik China naturgemäß nicht in die Karten schauen lassen und regulieren die Rundfunk- und Printmedien ebenso wie den Wissenschaftsbetrieb und die nationalen Statistikämter.

Die vorliegende Studie ruht auf der umfassenden und detaillierten Recherche der einschlägigen internationalen Fachliteratur, den Statistiken und Dokumenten internationaler und chinesischer Organisationen sowie von Nachrichtenbeiträgen der internationalen Tages- und Fachpresse. Dank der Aufmerksamkeit, die China seit geraumer Zeit widerfährt und aufgrund der graduellen Öffnung des Landes im Zuge der Reformperiode, findet sich in der Wissenschaftswelt eine inzwischen nicht mehr überschaubare Fülle an sozial- wirtschafts- und geisteswissenschaftlichen Untersuchungen über China. Besonders in der BRD gibt es eine lang zurückreichende Tradition der wissenschaftlichen Beschäftigung mit dem chinesischen Kulturraum und die hohe Publikationsdichte deutscher Sinologen und Sozialwissenschafter in internationalen Fachzeitschriften mit Chinabezug ist augenfällig.[6]

---

[6] Hervorzuheben sind insbesondere das Institut für Asien-Studien des GIGA in Hamburg, die Forschungsgruppe Asien der SWP in Berlin und die Ostasien- bzw. Sinologieinstitute der Universitäten Berlin (FU), Duisburg-Essen, Köln, Trier und Freiburg, welche teilweise auf eine jahrzehntelange Forschungstradition zurückblicken können und sich als bedeutende Zentren deutscher Ostasienforschung etabliert haben.

Aufgrund der Aktualität des Themas war es nahe liegend, in dieser Studie zu einem bedeutenden Teil auf aktuelle Online-Ressourcen zurückzugreifen, um zeitnahe Entwicklungen mit einbeziehen zu können. So wurde neben zahlreichen im Internet verfügbaren Statistiken und Dokumenten internationaler und chinesischer Organisationen auch auf eine Vielzahl von Online-Artikel der internationalen Tages- und Fachpresse zurückgegriffen. Eine detaillierte Aufstellung der verwendeten Webseiten und Nachrichtenportale findet sich ebenfalls im Anhang.

1.3 Forschungstand und Quellenkritik:

Während es in den letzten Jahren eine beachtliche Zunahme der Fachliteratur zu den Auswirkungen von Informations- und Kommunikationstechnologien - insbesondere des Internet - auf politische Kommunikation in westlichen Demokratien gegeben hat[7], ist sowohl der Politik- als auch der Kommunikationswissenschaft ein auffallender Mangel an Forschungsarbeiten zu politischer Kommunikation in autoritären System zu attestieren.

Einige ältere Arbeiten, wie die wegweisende Studie *Four Theories of the Press* von Siebert et al. (1963) sind noch während der Zeit des Ost- West- Konflikts entstanden und können weder die Veränderungen der politischen, noch der technologischen Rahmenbedingungen erfassen, sondern allenfalls einen Startpunkt zur Analyse der Funktion von Massenmedien in autoritären Systemen liefern (vgl. Thomaß 2007: 33ff.). Seitdem hat sich die politikwissenschaftliche Kommunikationsforschung vor allem auf die unterschiedlichen Ausprägungen von Mediensystemen in demokratischen Gesellschaften konzentriert, wie die moderneren und viel beachteten Versuche von Hallin und Mancini (2006). Ein umfassender Ansatz wurde von Roger Blum (2005) erarbeitet, welcher die Arbeiten von Hallin und Mancini weiter entwickelte und die Mediensysteme der Welt anhand neun verschiedener Indikatoren einordnete. Er vermochte mit diesem Modell zwar auch autoritäre Mediensysteme zu erfassen, blieb aber trotzdem einer tiefergehenden Analyse der Funktionslogik autoritärer Kommunikationspolitik schuldig.

Zur Operationalisierung und statistischen Erfassung der Informations- und Kommunikationstechnologien liegen vor allem Studien internationaler Organisation vor, die sich zum Zwecke der internationalen Vergleichbarkeit in den letzten Jahren verstärkt um eine Standardisierung der Indikatoren bemüht haben. Eine detaillierte Diskussion findet sich in Kapitel 3.1.

---

[7] Einen aktuellen Überblick und eine Diskussion über die verschiedenen Ansätze geben u. a. aus kommunikationswissenschaftlicher Perspektive: Jarren/ Donges 2006: 20- 22; Saxer 1998, aus politikwissenschaftlicher Sicht: Sarcinelli 2005: 15- 29

An dieser Stelle sollen noch einmal die besonderen Schwierigkeiten diskutiert werden, welche sich mit der Datenerhebung in autoritären Systemen ergeben. Ein Kritikpunkt betrifft, wie oben bereits angesprochen, die Natur des Untersuchungsgegenstandes selbst: Da die VRC ein autoritäres System ohne freie Wissenschaft und unabhängige Medien darstellt, sind sowohl Zweifel an der Korrektheit offizieller Quellen, als auch an den Untersuchungen chinesischer Wissenschaftler angebracht (Sleeboom-Faulkner 2007). Auch den Forschungsarbeiten ausländischer Wissenschaftler in China könnte, sofern sie für chinesische Institutionen tätig sind, durchaus mit Skepsis begegnet werden. Andererseits sind sich die ausländischen, in China arbeitenden Wissenschaftler sicherlich der Beschränkungen bewusst und werden Sie in Ihren Arbeiten zu berücksichtigen wissen, wenn nicht sogar explizit darauf hinweisen (Schucher 2000). Zudem bietet gerade das Thema Internet erstmals eine Chance auf die Untersuchung interpersonaler politischer Kommunikation unter den Rahmenbedingungen autoritärer Kommunikationspolitik. Da die Zensurmechanismen des Regimes hauptsächlich dafür sorgen sollen, dass keine unerwünschten Informationen *in* das System dringen und weniger umgekehrt, können die vielfältigen Kommunikations- und Interaktionsformen der chinesischen Internetgemeinde auch von außerhalb beobachtet und aufgezeichnet werden.

Des Weiteren bezeugen sowohl die Fachliteratur, als auch einige der befragten Experten ein wachsendes Interesse der chinesischen Regierung an verlässlichen Wirtschafts- und Sozialstatistiken sowie fundierten wissenschaftlicher Untersuchungen sozialer Phänomene, was ein rasches Anwachsen „einheimischer" sozialwissenschaftlicher Fachliteratur begünstige (vgl. Schucher 2006: 49). Dies liegt zum Teil in der Funktionslogik autoritärer Systeme begründet, welche über keine systeminhärenten Instrumente zur Messung der öffentlichen Meinung verfügen und auf Alternativen angewiesen sind (dazu Kapitel 2.1.2). Aber inwieweit die gewonnenen Ergebnisse schlussendlich der Fachöffentlichkeit, bzw. der Allgemeinheit zugänglich gemacht werden, statt nur als Strategiepapiere in den Hinterzimmern der chinesischen Führung zu enden, ist sicherlich fraglich.

Auf der anderen Seite darf bei der Auswertung der westlichen Medienberichte und der in China operierenden Nichtregierungsorganisationen zum Thema Menschenrechte und Pressefreiheit auch eine gewisse berufsbedingte Voreingenommenheit nicht außer Acht gelassen werden (vgl. Brendebach 2005: 43). Man kann wohl mit einer gewissen Berechtigung unterstellen, dass westliche Medien, die über Zensur in autoritären Systemen berichten, ein gesundes Eigeninteresse an einer Darstellung zugunsten ihres Berufsstandes haben dürften. Dieses könnte sich z.B. durch die besondere Konzentration auf und Voreingenommenheit bei der Berichterstattung auf negative medienpolitische Entwicklungen sowie der Popularisierung von Fallbeispielen äußern, da – gerade im Fall scheinbar allmächtigen kommunistische Partei - der „wahre Übeltäter" leicht zu identifizieren sei.

Eine separate Diskussion über die spezifischen Probleme bei der Nutzung offizieller chinesischer Statistiken im Allgemeinen, und IKT- Statistiken im Besonderen findet sich im Kapitel 5.1.

1.4 Aufbau des Buches

Im theoretischen Teil B sollen zunächst die Rahmenbedingungen politischer Kommunikation in autoritären Systemen herausgearbeitet werden, bevor das Konzept der „individuellen politischen Kommunikation" in diesem Rahmen theoretisch verordnet wird (Kapitel 2).

Im dritten Kapitel soll ein kurzer Überblick über die angelegte Definition der Informations- und Kommunikationstechnologien gegeben werden, um anschließend die potentiellen Erweiterungen individueller politischer Kommunikation in autoritären Systemen theoretisch herausarbeiten zu können.

Der praktische Teil C der Studie beginnt im Kapitel 4 mit der allgemeinen Vorstellung der makro- institutionellen und politisch- kulturellen Rahmenbedingungen des Untersuchungsgegenstandes Volksrepublik China. Zuerst sollen das politische System und die gesellschaftlichen Konfliktlinien erläutert, und anschließend das chinesische Mediensystem kurz skizziert werden, um die Rahmenbedingungen des Untersuchungsgegenstandes zu erfassen.

Das fünfte Kapitel widmet sich schließlich den statistischen Grundlagen der Ausbreitung und Nutzung der Informations- und Kommunikationstechnologien in China und soll die im theoretischen Teil der Studie diskutierten, potentiellen Erweiterungen der individuellen politischen Kommunikation am praktischen Beispiel überprüfen.

Im sechsten und letzten Kapitel werden die Ergebnisse zusammengefasst und aus den herausgearbeiteten Ergebnissen ein Fazit und ein Ausblick auf mögliche zukünftige Entwicklungen versucht werden.

B   Theoretische Grundlagen

2.   Politische Kommunikation in autoritären Systemen

In dieser Studie wird der Begriff autoritärer Systeme der Typologie Merkels folgend als Gegenbegriff zu etablierten, rechtsstaatlich verfassten Demokratien gewählt (vgl. Merkel 1999: 23-56; Merkel 2003: 28-32), wobei autoritäre Systeme als Subtypus autokratischer Systeme verstanden werden. Totalitäre Systeme, als zweiter Subtypus autokratischer Systeme werden aus mehreren Gründen aus der Beobachtung ausgeklammert: Zum einen ist die genaue Abgrenzung von totalitären zu autoritären Diktaturen in der politikwissenschaftlichen Literatur sehr umstritten und selbst nach großzügigen Auslegungen des Totalitarismusbegriffes gibt es dafür nur wenige realhistorische Beispiele in der modernen Staatengeschichte.[8] Zum anderen hat die Monopolisierung der Kommunikationsmacht und die Kontrolle über die Bevölkerung in totalitären Regimen ein Ausmaß angenommen, dass die in der Studie diskutierten Erweiterungen politischer Kommunikation durch IKT wohl kaum einen signifikanten Einfluss haben könnten. Das einzige noch real existierende, geschlossene totalitäre Regime, die Demokratische Volksrepublik Korea (Merkel 2003: 31f.; Köllner 2008: 5), ist in einem Ausmaß abgeschottet, das seinesgleichen sucht und zudem derart heruntergewirtschaftet und technologisch rückständig, dass sich eine Diskussion um den Einfluss von IKT auf die nordkoreanische Bevölkerung auf absehbare Zeit erübrigen dürfte.

Autoritäre Systeme werden auf der anderen Seite des idealtypischen Spektrums von Demokratien abgegrenzt. Im Hinblick auf die Fragestellung dieser Studie kann man demokratische Systeme von autoritären Systemen dahingehend sinnvoll trennen, als dass Demokratien sowohl die individuellen Kommunikationsgrundrechte der Bürger, als auch die Freiheit der Massenmedien sicherstellen (vgl. Pürer 206: 407ff.).

Auf dem Spektrum politischer Systeme finden sich zwischen den beiden Idealtypen Demokratie und Autokratie aber auch etliche Grauzonen und Übergangsphasen. So werden Demokratien, deren demokratiesichernde Funktionen teilweise eingeschränkt sind (vgl. Merkel 2003: 23ff.) als „defekte Demokratien" bezeichnet, während autoritäre Regime[9], die

---

[8] Sowohl die historische Einordnung, als auch genaue Definitionskriterien totalitärer Regime sind seit langem Gegenstand intensiver Diskussion in der Fachwelt. Die nicht selten auch normativ geführten Debatten waren vor allem im deutschen Sprachraum zudem lange Zeit durch eine Voreingenommenheit gegenüber den real existierenden sozialistischen Regimen Osteuropas geprägt. Siehe dazu auch: Jesse 1999; Linz 2000, Vollnhals 2006, Hornung 2001; Pohlmann 1995; Downing 1996: 1- 35.
[9] Die Begriffe *Regime* und *politische Herrschaftsform* werden im Anschluss an Lauth (2006: 92) und Merkel (1999: 71) im Folgenden synonym verwendet

ihren Bürgern weitgehende politische und kommunikative Freiheiten gewähren, schon in den Bereich der „semi-autoritären" Systeme (vgl. Merkel 1999: 34-56) fallen.

Autoritäre Systeme können wiederum in weitere Subtypen unterteilt werden. Auch hier hat die Politikwissenschaft schon einen reichen Fundus an Klassifizierungsmodellen vorzuweisen.[10] Ähnlich der demokratisch verfassten Staaten finden sich auch autoritäre Systeme weltweit in vielen unterschiedlichen Ausprägungen, Entwicklungsständen, Regierungs- und Staatsformen. Laut *Freedom House* (2008)[11] kann über die Hälfte der Staaten in der Welt als nicht frei oder nur teilweise frei bezeichnet werden. Die große regionale Ungleichverteilung, wobei den 96% freien Staaten in Europa nur 46% in Asien/ Pazifik und nur ganze 6% im Nahen Osten gegenüberstehen, ist augenfällig.

Tabelle 1: Regionale Muster politischer Regime

Region	Freie Länder	Teilweise freie Länder	Nicht freie Länder
Asien/Pazik	41%	33%	26%
Nord- und Südamerika	71%	26%	3%
Mittel- und Osteuropa	46%	29%	25%
Naher Osten	6%	33%	61%
Subsaharisches Afrika	23%	45%	29%
Westeuropa	96%	4%	0%

Quelle: Freedom House – „Freedom in the World" (Freedomhouse 2008c)

Sowohl in der Politik-, als auch in der Kommunikationswissenschaft hat sich inzwischen das Feld der politischen Kommunikationsforschung fest etabliert. Trotzdem unterscheiden sich sowohl im deutschsprachigen, als auch im angelsächsischen Raum die verwendeten Arbeitsdefinitionen und Beschreibungsversuche stark voneinander, geschuldet der jeweiligen Fachperspektive und dem jeweils zu untersuchenden Gegenstand.[12]

---

[10] Merkel unterscheidet z.B. zwischen neun verschiedenen Subtypen, wobei die Volksrepublik China in den Typus der „autoritären Modernisierungsregime" fällt (vgl. 1999: 36- 44)
[11] Die Qualität bzw. Entwicklung der Demokratien in der Welt ist Gegenstand einer ganzen Forschungsrichtung in der Politikwissenschaft. Es wurden verschieden Indizes entwickelt, die sich allerdings durch ihre angesetzten Kriterien und Maßstäbe, der jeweiligen Definition von Demokratie und ihrer Operationalisierung stark voneinander unterscheiden und eine Vergleichbarkeit schwierig gestalten. Eine Übersicht über aktuelle Indizes und eine Diskussion über die Erhebungsschwierigkeiten, die verschiedenen Demokratiekonzepte, die Validität der Indikatoren usw., siehe Berg-Schlosser 2007: 31- 44; Schmidt 2008 sowie Müller/ Pickel 2007
[12] Einen Überblick und eine Diskussion über die verschiedenen Ansätze geben u. a. aus kommunikationswissenschaftlicher Perspektive: Jarren/ Donges 2006: 20- 22; Saxer 1998, aus politikwissenschaftlicher Sicht: Sarcinelli 2005: 15- 29

Zudem ist der Begriff der politischen Kommunikation auch deutlich von den Begriffen der Kommunikations- und Medienpolitik abzugrenzen. Während Kommunikationspolitik die verschiedenen Prinzipien, Ziele und Entscheidungen zur Regelung der Kommunikationsverhältnisse in einer Gesellschaft insgesamt steuern soll, kann Medienpolitik als ein Teilbereich davon angesehen werden, welcher auf die Regelung der öffentlichen Kommunikation, und dabei insbesondere auf die Rechtsstellung, die Organisationsformen und die Funktionen der Massenmedien abzielt. (vgl. Schulze 2008: 15f.; Pürer 2006: 402- 404)

Nach einer kurzen und für den Rahmen dieser Studie brauchbaren Definition ist politische Kommunikation „die Kommunikation, die von politischen Akteuren ausgeübt wird, die an sie gerichtet ist, oder die politische Akteure und ihr Handeln und ihre Kognitionen berücksichtigt" (Schulz 2003: 458f.). Zusätzlich soll der zu untersuchende Bereich politischer Kommunikation auf die individuelle politische Kommunikation (vgl Kapitel 2.2) der Bürger autoritärer Staaten beschränkt werden. Diese teilt sich in die drei Dimensionen der rezeptiven, interpersonalen und partizipativen Kommunikation, die der Funktionslogik autoritärer Systeme folgend alle teilweise oder ganz eingeschränkt werden müssen.

2.1 Rahmenbedingungen politischer Kommunikation in autoritären Systemen

Bevor die spezifischen Merkmale individueller Politischer Kommunikation in autoritären Systemen diskutiert werden können, sollen im Folgenden zunächst die spezifischen Rahmenbedingungen politischer Kommunikation in autoritären Systemen im Allgemeinen skizziert werden.

2.1.2 Politische Funktionen von Massenmedien in autoritären Systemen

Die Freiheit der Massenmedien und die staatliche Sicherung der individuellen Kommunikationsfreiheiten sind keineswegs selbstverständlich. Laut dem *Freedom House -* Index zur Pressefreiheit von 2008 verfügen nur 72 von 195 Staaten über freie Medien, umgerechnet auf die Bevölkerungszahlen bedeutet dies, dass 82% der Weltbevölkerung in Staaten mit teilweise oder vollständig staatlich kontrollierter Presse- und Rundfunk leben (vgl. Freedomhouse 2008a).

Abbildung 1: Weltweite Pressefreiheit in Prozent der Weltbevölkerung

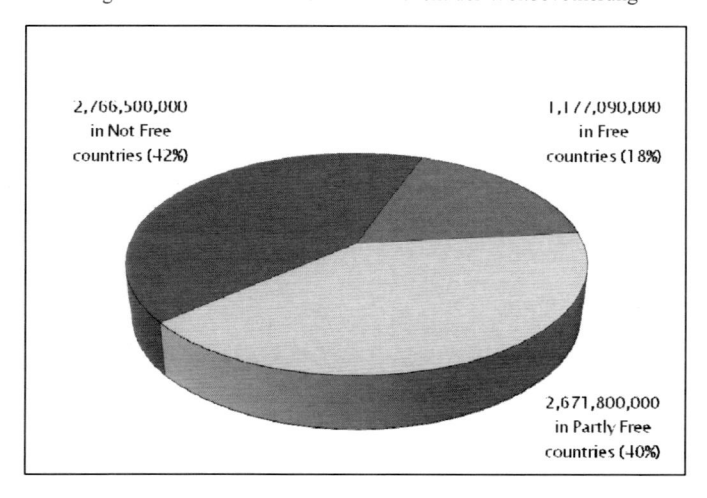

```
2,766,500,000                          1,177,090,000
  in Not Free                              in Free
countries (42%)                        countries (18%)



                                       2,671,800,000
                                        in Partly Free
                                       countries (40%)
```

Quelle: Freedomhouse - *Freedom of the Press-* Index *2008 (Freedomhouse 2008a)*

Die Massenmedien in autoritären Systemen unterscheiden sich dabei in ihren Ausprägungen genauso stark voneinander wie die Systeme selbst. Die Entwicklung der Mediensysteme und deren Kontrolle durch das Regime werden von einer Vielzahl Variablen bestimmt, u.a. der spezifischen Ausprägung des politischen Systems, dem Herrschaftsanspruch der politischen Führung, der wirtschaftlichen, technologischen und sozi-ökonomischen Entwicklung des Landes sowie vielfältiger kultureller und historischer Hintergründe.

Grundsätzlich kann man die politischen Funktionen von Massenmedien in Demokratien auch in Diktaturen finden, allerdings mit höchst unterschiedlichen Ausprägungen. Der wesentliche Unterschied ist, dass die Massenmedien in Demokratien eigenständige Träger einer Vielzahl pluralistischer Meinungen und Informationen sind, während sie in Diktaturen als Sprachrohr der politisch Herrschenden fungieren. Die Machthaber in autoritären Systemen versuchen durch die Kontrolle der Massenmedien Kritik an ihrer Herrschaft und die Entstehung von Opposition zu verhindern. Ihre hauptsächliche Funktion besteht darin, das herrschende Regime zu stützen und die Kontrolle über die Gesellschaft im Allgemeinen, und die Opposition im Besonderen sicherzustellen. Der Regelungsanspruch und die Ausprägung der Medienkontrolle wachsen dabei mit zunehmendem Herrschaftsanspruch des Regimes (Thomaß/ Tzankoff 2001; Merkel 1999: 34- 56). Die Massenmedien sind weitestgehend von der Exekutive abhängig oder an deren Anweisungen gebunden. Der Berufszugang für Journalisten wird staatlich kontrolliert und oft ist eine zentrale Monopolagentur verantwortlich für die Beschaffung und Verbreitung von Auslandsnachrichten (Pürer 2006: 404ff.). Die Massenmedien werden entweder unter direkte staatliche Aufsicht gestellt oder durch eine Palette regulierender und repressiver Maßnahmen kontrolliert, u.a. durch finanzielle Abhängigkeit vom Staat, mittels Zensurvorschriften, Einschüchterungen von Journalisten oder die Kontingentierung von Papier,- Satz,- und Druckkapazitäten bzw. die Vergabe von Sendelizenzen (Wilke 2003a).

In der Extremausprägung autoritärer Diktaturen, den totalitären Regimen, werden die Massenmedien zudem als Führungs- und Kampfinstrumente eingesetzt. Sie sind gegenüber der Regierung bzw. der Partei verpflichtet, welche nicht nur in den Medien, sondern in allen kulturschaffenden Bereichen ihre ideologische Linie durchzusetzen versucht (vgl. Tabelle 2). Es herrscht eine uneingeschränkte Kontrolle über die Informationen die an die Öffentlichkeit gelangen dürfen. Statt pluralistischer Informations- und Meinungsvielfalt wird nur die Position der Regierung propagiert und die Erziehung der Massen nach den Vorgaben der Herrschaftsideologie angestrebt. In kommunistisch organisierten Staaten konnten die Machthaber zudem auf die theoretischen Grundlagen der Pressetheorie Lenins zurückgreifen, welche den Massenmedien die Funktionen der Propaganda, Agitation gegen Feinde der Bewegung und die Organisation und Mobilisation der Massen auferlegt und Journalisten zur strikten Parteilichkeit verpflichtete (Wilke 2003a).

Tabelle 2: Politische Funktionen der Massenmedien in Demokratien und totalitären Diktaturen

	Politische Funktion von Massenmedien in Demokratien	**Politische Funktion von Massenmedien in totalitären Diktaturen**
Herstellung von Öffentlichkeit (Primärfunktion)	Schaffung von Öffentlichkeit bzw. Konstituierung eines öffentlichen Raumes im politischen System	Nur jene Informationen öffentlich machen, die die politisch Herrschenden als Gegenstand auf der Bevölkerungsagenda wünschen.
Information (Sekundärfunktion)	Fungieren als Plattform, über die politische Informationen verbreitet und empfangen werden	Propagierung der Positionen, Ziele und (vermeintlichen) Erfolge der politisch Herrschenden
Kritik und Kontrolle (Sekundärfunktion)	Kontrollieren politische Akteure und kritisieren diese gegebenenfalls	Kontrolle und Kritik der Systemkritiker und damit Rechtfertigung von Gewalt gegen Abweichler
Politische Sozialisation und Integration (Tertiärfunktion)	Vermitteln grundlegende Werte des Zusammenlebens und schaffen dadurch einen Minimalkonsens	Erzeugung einer vollständigen und möglichst ausschließlichen Repräsentation der politischen Herrschafts(ideologie) in der Gesellschaft
Politische Bildung und Erziehung (Tertiärfunktion)	Vermitteln wesentliche Informationen über politische Inhalte, Prozesse und Strukturen sowie entsprechende Verhaltensmuster	Erziehung der Gesellschaft zu einer kritiklosen Masse und nach den Vorgaben der Staatsideologie
Politische Meinungs- und Willensbildung (Tertiärfunktion)	Beeinflussen maßgeblich die Meinungs- und Willensbildungsprozesse der Bürger. Sie haben z.B. Einfluss darauf, über welche Themen nachgedacht wird und wie über diese Themen nachgedacht wird	Lenkung der Meinungs- und Willensbildung des Volks nach den Vorstellungen der politisch Herrschenden bzw. gemäß den Zielen der vorherrschenden Ideologie

Quelle: Entwickelt in Anlehnung an Pürer 2006: 401- 431; Strohmeier 2007: 75 – 100

Die Ausdehnung der Kommunikationskontrolle in autoritären Systemen, beschränkt sich allerdings nicht nur auf die Regelung der Massenmedien, sondern umfasst auch die interpersonale Kommunikation der Bürger, welche durch Spitzelapparate, Observation und Denunziation überwacht werden (vgl. Pürer 2006: 492ff.). Die deutsche Geschichte kennt gleich zwei Ausprägungen: In der DDR war die Staatssicherheit mit dieser Aufgabe betraut, im Deutschland der nationalsozialistischen Herrschaft die Gestapo.

2.1.2 Politische Folgekosten autoritärer Kommunikationspolitik

Die Regulierung der öffentlichen politischen Kommunikation und die Konzentration der Kommunikationsmacht in den Händen der Regimeelite führen dazu, dass sich autoritäre Systeme mit zwei sich gegenseitig bedingenden Problemen konfrontiert sehen: Zum einen kann die rigorose Medienkontrolle und Beschneidung der individuellen Kommunikationsrechte der Bürger dazu führen, dass sich in der Bevölkerung verstärkt Unzufriedenheit darüber ausbreitet und sich in einem generellen Misstrauen gegenüber den staatlichen Medien und der politischen Führung manifestiert. Auf der anderen Seite führt die fehlende öffentliche Diskussion über relevante Themen und Missstände aber gleichzeitig auch zu einer starken Einschränkung des Informations- Input in das politische System (vgl. Saxer 1998: 42f., 57; Voltmer 2000: 132)

Laut Pürer (2006: 427) hat jedes moderne politische System ein „Unterrichtungsbedürfnis" durch die Massenmedien, d.h. es will selbst informiert werden im Hinblick auf Meinungs-, Einstellungs-, und Verhaltensveränderungen der Bevölkerung, bzw. relevanter Akteure. Politische Eliten in rechtsstaatlichen demokratischen Systemen können die „natürlichen" demoskopischen Charakteristika demokratischer Systeme, wie regelmäßige freie Wahlen, den öffentlichen und freien (Medien-)Diskurs über Politik, sowie die Garantie der Bürgerrechte, wie Versammlungs- und Meinungsfreiheit, dazu nutzen, die politischen Maßnahmen den vorherrschenden Stimmungen anzupassen oder unpopuläre Maßnahmen im Rahmen der öffentlichen Diskussion mit dem politischen Gegner zu rechtfertigen.

In autoritären Systemen finden dagegen keine freien Wahlen statt und auch die Partizipationsmöglichkeiten zivilgesellschaftlicher Akteure oder der Opposition durch friedliche Demonstrationen oder Protestaktionen werden beschnitten. Ein Nebeneffekt ist, dass keine Kontrolle der staatlichen Behörden durch die Opposition oder die „vierte Gewalt" der Massenmedien stattfinden kann und das System somit für Korruption und Vetternwirtschaft anfällig macht. Die strikte Kontrolle der Massenmedien durch die politische Führung und die Begrenzung öffentlicher politischer Kommunikation, sowie die

Monopolisierung von Kommunikationsmacht durch das Regime führen dazu, dass autoritäre Systeme immer mit einer systeminhärenten Blindheit gegenüber Stimmungen und Entwicklungen in der Bevölkerung zu kämpfen haben.

Autoritäre Systeme haben nicht viele Möglichkeiten diesen Mangel an Übersicht zu kompensieren. Eine Möglichkeit ist die Entwicklung demoskopischer Instrumente, was, angesichts mangelnder Freiheit der Wissenschaft, nicht einfach durchführbar ist. Eine andere Methode stellen umfangreiche Überwachungs- und Spitzelapparate dar, welche einerseits die öffentliche Kommunikation zu überwachen haben, andererseits als Augen und Ohren der politischen Führung dienen sollen, ebenso wie die Vertreter der staatlichen Massenmedien im Land (vgl. Grant 2001: 155; Pürer 2006: 420ff.).

Zahlreiche historische Experimente autoritärer Regime mit Liberalisierungen der Meinungsfreiheit zeigen, dass den Machthabern diese Systemschwäche durchaus bewusst ist. Bekannte Beispiele der kurzzeitigen Liberalisierung öffentlicher politischer Kommunikation, wie beispielsweise der kurze Damaszener Frühling in Syrien nach Tod Hafiz al-Assads (vgl. Perthes 2005: 203- 216) oder die „hundert Blumen"- Kampagne in Mao Zedongs Volksrepublik China 1956/57 (vgl. Klaschka 2007: 143f.) wurden aber auch sehr schnell wieder aufgegeben, als die angestaute Unzufriedenheit in der Bevölkerung im Rahmen der neu gewährten Freiheiten Überhand nahm und sich vermehrt auch gegen das politische System an sich zu richten begann. Versuche begrenzter politischer Öffnungen sind laut Bos (1996: 91ff.) zum Scheitern verurteilt, da sich nach Einleitung einer Liberalisierung zwangsläufig ein eigendynamischer Prozess entwickelt, welcher entweder zu weiterer Liberalisierung des politischen Systems oder zur Rückname der Reformschritte führen muss. Für viele Regimekritiker entpuppten sich die kurzen Öffnungsperioden auch als Falle, da der Repressionsapparat der Regime nach Beendigung des Experiments wieder mit aller Härte gegen die nun enttarnten Oppositionellen zuschlagen konnte.

2.1.3 Akteure der Zivilgesellschaft in autoritären Systemen

In dieser Studie liegt das Augenmerk auf der individuellen politischen Kommunikation der in autoritären Systemen durch Regulierung der Massenmedien und Beschneidung ihrer Kommunikationsgrundrechte vom freien politischen Diskurs und politischer Partizipation weitestgehend ausgeschlossenen Bevölkerungsteile.

Die Transitionsforschung kennt den zentralen Begriff der Akteure, d.h. „*die Individuen und Gruppen, die den Transitionsprozess in Gang setzen und gestalten*" (Bos 1996: 82). Ihnen werden, trotz struktureller Zwänge, in denen sie sich bewegen, verschiedene Entscheidungs-

und Handlungsoptionen zugestanden. Bei den Akteuren handelt es sich auf der einen Seite um die politischen, militärischen und wirtschaftlichen Eliten, welche idealtypisch in *hard-* und *softliner*, d.h. in konservativ oder liberal orientierte Eliten des Regimes unterteilt werden können (vgl. Bos 1996: 88). Auf der anderen Seite steht ein vielfältiges Spektrum oppositioneller Gruppen, welche sich erst als Folge beginnender politischer Öffnung zu einer breiteren Bewegung formieren können. Es handelt sich zunächst oft nur um kleine verstreute Gruppen Intellektueller, Künstler, Menschenrechtsgruppen oder kirchlicher Kreise, wozu auch Gewerkschaften, NROs und andere Interessengruppen zählen können. Das Ziel, die Bevölkerung gegen das Regime zu mobilisieren kann durch Eigendynamiken des Transitionsprozesses verursacht werden, etwa vorsichtigen politischen oder medienpolitischen Liberalisierungen, die nicht mehr, oder nur unter Einsatz unverhältnismäßiger Maßnahmen durch das Regime, zurückzunehmen sind, aber auch durch organisierte oppositionelle Kräfte orchestriert werden (Bos 1996: 81- 110).

In der Forschung ist in den letzten Jahren das Konzept der Zivilgesellschaft populär geworden, welches nach Croissant et al. (2000) jene *„intermediäre Sphäre zwischen der Privatheit des Individuums, der Familie, des Unternehmens etc. und dem Raum des Politischen (...) in der vorwiegend kollektive Akteure öffentliche Interessen organisieren und artikulieren"* (ebd.: 16) bezeichnet.[13] Die Zivilgesellschaft ist geprägt durch einen hohen Grad an Staatsferne, auch wenn die Aktivitäten zivilgesellschaftlicher Akteure durchaus auf den Staat bzw. die Politik bezogen sein können, indem sie eine wichtige Rolle bei der Vermittlung zwischen Individuen und dem Staat wahrnehmen (Allum 1995: 55f.). Es sind vor allem fünf allgemeine Funktionen der Zivilgesellschaft, aus denen ihre besondere Bedeutung für demokratisch verfasste Gesellschaften abgeleitet werden können: Sie schützen Individuen vor staatlicher Willkür, stützen die Herrschaft des Gesetzes und die Balance der Gewalten, schulen Bürger in zivilen Tugenden und rekrutieren politische Eliten.

Bei kollektiven zivilgesellschaftlichen Akteuren handelt es sich um weitgehend autonom organisierte, nicht-staatliche und nicht rein-ökonomische Zusammenschlüsse und Assoziationen, wobei ihre Funktionen auch ambivalent und multifunktional sein können. Zum Beispiel nehmen Gewerkschaften oder Unternehmerverbände dann zivilgesellschaftliche Aufgaben wahr, wenn sie politische Forderungen stellen und nicht nur wirtschaftliche. Dem Konzept von Croissant et al. (2000) entsprechend sind allerdings nicht alle Formen gesellschaftlicher Gruppen und Bewegungen der Zivilgesellschaft zuzuordnen. Sie legen das

---

[13] Einen Überblick über die historische Genese des Zivilgesellschaftskonzeptes bietet u.a. von Beyme 2000

prinzipielle Bekenntnis zur Gewaltfreiheit und eine grundlegend weltanschauliche, religiöse und politische Toleranz als normativen Maßstab an (Croissant et al. 2000: 18).

Eine wichtiger Aspekt ist aber auch, dass zivilgesellschaftliche Akteure keineswegs demokratieorientiert sein müssen (ebd. 19ff.). Sie können ganz im Gegenteil dazu durch hierarchische Strukturen, selektive Mitgliedschaftskriterien oder fehlende Normen der Gleichheit geprägt sein und damit alles andere als demokratieförderndes Potential aufweisen. Die historische Erfahrung zeigt, dass insbesondere nationalistische Akteure in diesem Zusammenhang eine Bedrohung für demokratische Entwicklungen darstellen können (Merkel/ Puhle 1999: 90; Downing 1996: 18-22). Zivilgesellschaft kann deshalb sowohl Vorteile für die Entwicklung einer Demokratie mit sich bringen, als auch genau das Gegenteil bewirken und als die *„dunkle Seite der Zivilgesellschaft"* (vgl. Lauth/ Merkel 1997: 45) auch die negativen Aspekte der Gesellschaft hervorbringen.

In autoritären Staaten sind zivilgesellschaftliche Akteure im Prinzip immer durch den Herrschaftsanspruch des Regimes bedroht, weitgehend schwach, marginalisiert und politisch einflusslos, da im eng begrenzten bzw. geschlossenen soziopolitischen Raum kaum Platz für die Entfaltung zivilgesellschaftlicher Assoziationen und Aktivitäten besteht und auch nicht erwünscht ist (ebd. 17). Daneben sind autoritäre Regime im Allgemeinen um eine Atomisierung der Gesellschaft bemüht, um ihren Herrschaftsanspruch zu sichern. Die staatlich regulierten und zensierten Massenmedien können in autoritären Systemen nicht als Teil der Zivilgesellschaft angesehen werden, auch wenn ihnen eine herausragende Stellung als Katalysatoren in Liberalisierungsprozessen zukommen kann (Thomaß/ Tzankoff 2001).

Ein besonders lohnender Ansatz der Demokratieförderung scheint daher die Stärkung der zivilgesellschaftlichen Akteure zu sein, denn je stärker eine Zivilgesellschaft ist, *„umso weniger wird sie nichtdemokratische Regime auf längere Zeit ertragen"* (Merkel/ Puhle 1999: 84). Dabei sind es von Land zu Land sehr verschiedene Kräfte, die zur Ablösung eines autoritären Regimes beitragen können (ebd. 85ff.).

Lauth/ Merkel (1997: 32) betonen zudem die Bedeutung internationaler Kontakte zur Schaffung von Öffentlichkeit und Ressourcen. Diese Außenunterstützung für Transformationsregionen ist an sich sehr bedeutsam, aber Akteure, Maßnahmen und Wirkungen variieren auch hier stark. Einflussreiche ausländische Akteure können unter anderem internationale Organisationen, supranationale und intergouvernementale Zusammenschlüsse, wie die Europäische Union, Internationale Regime, einzelne Staaten, international operierende Nichtregierungsorganisationen, politische Stiftungen oder Kirchen und Gewerkschaften sein (Croissant et al. 2000: 9- 50).

In Ostasien hat sich trotz des konfuzianischen Kulturerbes und der starken Gruppenorientierung der Gesellschaften (Croissant 2000: 340), auch der Einfluss der westlichen Gesellschaften bemerkbar gemacht und seinen Teil zu den politischen Umwälzungen in Südkorea und Taiwan beigetragen (ebd. 338). In Südkorea waren es vor allem die Studenten, christliche Dissidenten und Bürgerrechtsorganisationen (Croissant 1997: 152ff.), die zur Transition von der Militärdiktatur zur Demokratie beitrugen. Das Regime hatte allerdings auch schon zuvor einen begrenzten politischen und gesellschaftlichen Pluralismus gestattet und damit die Herausbildung eines Raumes für gesellschaftliche Selbstorganisation bzw. *„embryonaler zivilgesellschaftlicher Strukturen"* (ebd.: 151) gefördert. Vor allem christliche Kirchen konnten durch die Pflege von Auslandskontakten eine weltweite Aufmerksamkeit aufbauen, während das Regime zunehmend mit dem Widerspruch zwischen demokratischer Fassade und autoritärem politischem Führungsanspruch zu kämpfen hatte.

2.2 Individuelle politische Kommunikation in autoritären Systemen

In Anlehnung an Emmer et al. (2006) soll politische Kommunikation hier als individuelle politische Kommunikation auf der Mikroebene, d.h. aus der Perspektive der an der Kommunikation beteiligten Individuen (vgl. Jarren/ Donges 2006: 22), operationalisiert werden. Sie umfasst im weiteren Sinne alle Aktivitäten politischer Kommunikation, die Menschen in ihrer Rolle als Bürger unternehmen können und die geeignet sind, politische Entscheidungen zu beeinflussen (Emmer 2005: 41f.).

Individuelle politische Kommunikation gliedert sich in die drei Formen der rezeptiven, interpersonalen und partizipativen politischen Kommunikation und versucht somit die gesamte Bandbreite möglicher politikbezogener Kommunikationsaktivitäten der einzelnen Bürger zu berücksichtigen. Individuelle politische Kommunikation umfasst daher nicht nur die private Informationsaufnahme und Meinungsbildung von Bürgern, sondern auch die diskursive Auseinandersetzung über politische Inhalte in privater oder öffentlicher Diskussion, sowie die aktive Teilnahme am politischen Geschehen, etwa durch Stimmabgabe, Mandatsübernahme, dem Sammeln von Unterschriften oder Handlungen zivilen Ungehorsams.

Die theoretische Herleitung dieser Typologisierung stammt aus den drei Forschungsgebieten der Partizipationsforschung, der kommunikationswissenschaftlichen Forschung zu politischer Kommunikation auf Individualebene und der noch recht jungen Internet- und Online-

Kommunikationsforschung (Emmer/ Vowe 2004, Emmer 2005, Emmer et al. 2006). In der Partizipationsforschung werden die drei Dimensionen der individuellen politischen Kommunikation oft hierarchisch betrachtet, d.h. die rezeptive Kommunikation als Vorstufe der interpersonalen Kommunikation, und beide zusammen werden als Grundlagen der partizipativen politischen Kommunikation begriffen. Es ist allerdings sinnvoll, die drei Dimensionen analytisch auseinanderzuhalten, da sie jeweils verschiedene Ressourceneinsätze seitens des Bürgers veranschlagen und verschiedene Wirkungspotentiale besitzen, die sich auf die drei Dimensionen der individuellen politischen Kommunikation jeweils unterschiedlich auswirken können.

In rechtsstaatlich verfassten Demokratien werden die Informations- und Meinungsfreiheit, die Versammlungs- und Demonstrationsfreiheit, die Vereinigungsfreiheit sowie Petitionsrechte als individuelle Kommunikationsgrundrechte unter besonderen Schutz gestellt. Sie stellen Abwehrrechte des Bürgers gegen den Staat dar und sollen die Freiheitssphäre des Einzelnen vor Eingriffen der öffentlichen Gewalt schützen (Pürer 2006: 409f.). Im Gegensatz dazu werden alle drei Grundformen der individuellen politischen Kommunikation der Bürger in autoritären Systemen mehr oder weniger stark eingeschränkt. Die Pressefreiheit besteht, wenn überhaupt, nur auf dem Papier und selbst in den privaten, marktwirtschaftlich arbeitenden Medien „weicher" autoritärer Systeme stoßen Journalisten schnell auf die Schranken der staatlichen Kontrollmaßnahmen.[14] Deren Schärfe hängt von vielen Faktoren ab, welche sich auch innerhalb eines Systems, etwa durch Regimewechsel oder in Krisenzeiten, ändern können.

2.2.1 Rezeptive politische Kommunikation

Rezeptive politische Kommunikation umfasst alle Arten der eher passiven Beschaffung politischer Informationen durch die Nutzung der dem Einzelnen zur Verfügung stehenden Medien, egal ob die Informationsbeschaffung gezielt oder nur beiläufig geschieht (vgl. Emmer et al. 2006). Als Quellen politischer Informationen dienen vor allem der Rundfunk und die Printmedien, aber auch kulturelle Institutionen wie Kino oder Theater. Nach Strohmeier (2004: 86f.) gibt es in modernen Informationsgesellschaften keine politischen Akteure mehr, die ihre Informationen nicht zu einem bestimmten Teil aus den Massenmedien

---

[14] An dieser Stelle nicht unerwähnt bleiben sollte, dass rechtsstaatlich verfasste Demokratien ebenfalls Schranken der individuellen Informations- und Meinungsfreiheit sowie der Pressefreiheit vorsehen. In der BRD sind dies nach dem Prinzip der „wehrhaften Demokratie" z.B. der Schutz der Verfassung und die Staatssicherheit, die allgemeinen Gesetze, sowie Gesetze zum Schutz der persönlichen Ehre, dem Jugendschutz usw. Wie schon in im Kapitel 3.1 diskutiert, kann der Missbrauch dieser Schranken zu den Merkmalen defekter Demokratien gehören.

beziehen, da sie von den Menschen genutzt werden müssen, um das zur Teilhabe in ihren lokalen, nationalen oder globalen Gemeinschaften nötige öffentliche Wissen erwerben zu können. Die Bürger können sich als Teil eines dispersiven Publikums mithilfe der Massenmedien über die politischen Standpunkte der Regierenden informieren, sich eine eigene Meinung über aktuelle politische Ereignisse bilden oder sich diskursiv in interpersonalen Anschlusskommunikationen über die massenmedial gewonnen Informationen auseinandersetzen (Burnett/ Marshall 2003: 152f.; Brettschneider 1997). Eine weitere Möglichkeit der Informationsbeschaffung stellt auch die gezielte Anforderung politischer Informationen dar, z.B. bei Parteien, der Regierung, verschiedenen Nichtregierungsorganisationen und Bürgerinitiativen usw.

Rezeptive politische Kommunikation wird in der Partizipationsforschung traditionell auch als Grundvoraussetzung, bzw. Vorstufe der interpersonalen und der partizipativen Kommunikation betrachtet, da sie erst den größten Teil der Informationsgrundlage schafft, auf welcher Individuen ihr weitergehendes politisches Handeln ausrichten können.

Die in rechtsstaatlichen Demokratien geschützten Kommunikationsgrundrechte der Informations- und Meinungsfreiheit (Pürer 206: 407ff.) werden in autoritären Systemen im Allgemeinen stark beschnitten. Rezeptive politische Kommunikation im Sinne der Informationssuche und -aufnahme politischer Information durch den Bürger wird durch staatliche Instrumentalisierung der Massenmedien und die Beschränkung der Pressefreiheit kontrolliert. Bürger autoritärer Staaten haben somit kaum die Möglichkeit sich aus anderen Quellen als den staatlich kontrollierten Kanälen der Massenkommunikation zu informieren. Sowohl der Rundfunk als auch die Printmedien werden entweder direkt durch staatliche Behörden gelenkt oder in liberaleren autoritären Systemen zumindest im Sinne der Machthaber durch finanzielle, gesetzliche oder repressive Maßnahmen reguliert oder zensiert (vgl. Schwate 2005: 232ff.).

Das Spektrum der Medienkontrolle kann in autoritären Systemen sowohl von Regime zu Regime, als auch zu verschiedenen Zeitpunkten innerhalb eines Regimes stark variieren. So werden die Machthaber besonders in innen- oder außenpolitischen Krisenzeiten die Überwachung der Medien und der Kommunikationskanäle der Bevölkerung forcieren, um die Stabilität des Regimes nicht zu gefährden. Die dabei eingesetzten Mechanismen sind vielfältig, sie reichen von absoluter Kontrolle der Massenmedien und deren Einsatz als Propagandawaffen durch staatliche Behörden, bis hin zu relativ offenen und privatisierten

Mediensystemen, in denen gelegentliche Repressalien gegen einzelne Journalisten oder der Entzug von Geschäftslizenzen eine vorauseilende Selbstzensur begünstigen helfen sollen.

Oppositionelle Kräfte können daher in autoritären Staaten meist nur durch Untergrundmedienarbeit und unter großen Risiken versuchen, das Informationsmonopol des Regimes über die Bevölkerung zu brechen und alternative Informationsangebote anzubieten.

Sie stehen dabei in einem ständigen Wettlauf mit den staatlich kontrollierten Informationsanbietern, um durch illegale Publikationsarbeit oder Rundfunkausstrahlungen die Bevölkerung auf vermeintliche Missstände aufmerksam zu machen, in der Öffentlichkeit Misstrauen zu erzeugen und möglichst gegen das Regime zu mobilisieren. Das Spektrum der eingesetzten Medien reicht von Flugblättern über die in den 1980er Jahren in Osteuropa aktive, im Untergrund gut organisierte *samizdat-* Presse bis hin zu oppositionellen Fernsehkanälen, die von angrenzenden Nachbarstaaten gezielt ins Land gesendet werden (vgl. Thomaß/ Tzankoff 2001: 235- 252).

Externe Akteure spielen zudem eine Rolle, wenn sie den Bürgern autoritärer Staaten eher zufällig alternative Informationsangebote bieten, indem z.B. ausländische, terrestrische Rundfunkausstrahlungen Informationen verbreiten. Auch wenn diese nicht direkt auf die Bevölkerung des Nachbarstaates zielen, dort aber trotzdem noch empfangen werden können, wie z.B. die (illegale) Rezeption westdeutscher Fernsehsender in weiträumigen Gebieten der DDR demonstrierte. Einen nicht unwesentlichen Beitrag zur Diffusion alternativer Informationen durch externe Akteure können in weniger entwickelten Entwicklungsdiktaturen auch Mitarbeiter ausländischer Hilfsorganisationen oder Stiftungen leisten (Merkel 2003: 156ff.). Aber sowohl für die Produzenten der alternativen Informationsangebote, als auch für die Rezipienten der nichtstaatlichen Medien ist der Konsum oppositioneller Medien immer mit einem hohen Risiko staatlicher Repression behaftet.

2.2.2 Interpersonale politische Kommunikation

Interpersonale, oder auch zwischenmenschliche, politische Kommunikation beschreibt den Informationsaustausch zwischen zwei oder mehreren Personen über ein politisches Thema, entweder in *face-to-face-* Situationen oder unter Zuhilfenahme geeigneter interaktiver Medien (Brief, Telefon) als sogenannte „technisch-vermittelte" interpersonale Kommunikation (Schenk 2003: 64f.). Es handelt sich dabei zum überwiegenden Teil um die Kommunikation mit Freunden und Bekannten, im Familienkreis, am Arbeitsplatz oder in der Freizeit, wo in vielfältigen Zusammenhängen über politische Sachverhalte gesprochen und Meinungen privat oder öffentlich zum Ausdruck gebracht werden.

Interpersonale Kommunikation kann aber auch problemzentriert und singulär mit Fremden in privaten oder öffentlichen Auseinandersetzungen, oder im direkten Kontakt mit politischen Entscheidungsträgern, Verwaltungsangestellten, Aktivisten von NROs und Bürgerinitiativen usw. stattfinden (Emmer et al. 2006).

Die Massenmedien spielen auch hier eine bedeutende Rolle, da interpersonale Kommunikation zur Umweltwahrnehmung beiträgt und *„weniger der originären Information über Politik, als vielmehr der Vertiefung und Strukturierung zuvor aufgenommener Medieninhalte"* dient (Brettschneider 1997: 266). [15] Massenmedial verbreitete Wirklichkeitsansichten und politische Informationen können somit auch an Personen vermittelt werden können, die keinen direkten Kontakt damit hatten (Brettschneider 1997; Schenk 2003: 64f.; Jäckel 2008: 191- 197). Ohne die ungehinderte Kommunikation und Versammlungsfreiheit zwischen Bürgern bzw. Gruppen ist auch eine weitergehende Organisation oder Mobilisierung nur schwer möglich. Daher kommt der interpersonalen politischen Kommunikation auch eine bedeutende Rolle bei der Organisation politischer Partizipation zu, seien es spontane Demonstrationen oder aufwendig vorbereitete politische *Happenings* (vgl. Brettschneiders 1997: 266; DellaPorta/ Diani 2006: 114- 161).

Auch die interpersonale Kommunikation kann in autoritären Systemen auf vielerlei Arten eingeschränkt und überwacht werden (vgl. Pürer 2006: 402ff.). Zum einen werden der freie und direkte Meinungsaustausch sowie die Organisation zwischen den Bürgern durch restriktive Einschränkungen in der Versammlungs- und Vereinigungsfreiheit verhindert. Beispielsweise können Vereinigungen ab einer bestimmten Größe einen staatlichen Lizenzierungszwang und Überprüfung unterworfen werden oder werden sogar vollständig verboten, Demonstrationen und Protestaktionen außerhalb der staatlich organisierten werden nicht zugelassen oder durch Sicherheitskräfte aufgelöst. Zudem gab und gibt es viele autoritäre Regime, die durch ausgedehnte Spitzelsysteme und die Überwachung der Telekommunikationsinfrastruktur sowie des Postverkehrs kritische Diskussionen über politische Themen selbst im privaten Rahmen, zwischen guten Bekannten oder im Familienkreis, für alle Beteiligten risikoreich machen.

---

[15] In der Kommunikationswissenschaft befasst sich die Diffusionsforschung bzw. die Meinungsführerforschung explizit mit den Vorgängen der Diffusion massenmedial verbreiteter Informationen in sozialen Netzwerken. Eine genauere Berücksichtigung und Diskussion der umfangreichen Forschungsarbeit kann im Rahmen dieser Arbeit nicht geleistet werden. Für einen Überblick über die verschiedenen Modelle und Forschungsergebnisse, siehe u.a. Jäckel 2008: 111- 142; Pürer: 356- 359; Sarcinelli 2005: 53- 63;

Gleichzeitig wird aber auch die „*bottom-up*" -Kommunikation, d.h. der Systeminput der Bürger in Richtung des politischen Entscheidungssystems, ermöglicht durch die Freiheit seine eigene Meinung frei verbreiten zu können, stark reglementiert und blockiert.

2.2.3 *Partizipative politische Kommunikation*

Politische Partizipation umfasst „*alle diejenigen Formen politischer Beteiligung, die Bürger freiwillig, individuell und/oder kollektiv im Verbund mit anderen unternehmen, um politische Entscheidungen direkt oder indirekt zu ihren Gunsten zu beeinflussen*" (Schultze 2001: 363).

Die öffentlichen Meinungsäußerungen richteten sich dabei direkt oder auf Umwegen, d.h. über öffentlichkeitswirksame Aktionen und deren massenmediale Verbreitung, an politische Entscheidungsträger auf den verschiedenen Ebenen des politischen Systems (van Deth 2003; Emmer 2005: 59- 62). In diese Kategorie fallen auch alle Anstrengungen zur Organisation politischer Partizipation, seien es plakatierte Aufrufe zu Demonstrationen oder die zeitnahe Koordination von Sitzblockaden, da diese über die bloße interpersonale Diskussion politischer Themen hinausgehen und einen deutlich höheren Ressourceneinsatz auf Seiten des involvierten Bürgers erfordern.

In repräsentativen Demokratien stehen den Bürgern eine Vielzahl verschiedener Möglichkeiten der Beteiligung am politischen Entscheidungsprozess offen, welche in der Partizipationsforschung typologisch in verfasste oder nicht-verfasste, repräsentativ-demokratische oder direkt-demokratische und in konventionelle oder unkonventionelle politische Partizipation unterteilt werden können (vgl. Schultze 2001: 363f.).

Verfasste Partizipationsaktivitäten sind bereits in den Verfassungen oder den allgemeinen Gesetzen verankert, wie z.B. das Wahlrecht, das Recht auf Wahrnehmung eines politischen Mandates, Petitionen oder Beschwerden an amtliche Stellen, das Gründen sowie die Mitgliedschaft in Parteien, Gewerkschaften, Vereinigungen und Initiativen, das Recht zum Arbeitskampf usw. (van Deth 1997).

Der kommunikative Aspekt partizipativer Kommunikation wird aber besonders deutlich an den nicht-verfassten politischen Aktivitäten, welche sich direkt – in den modernen Informationsgesellschaften aber notwendigerweise meist indirekt durch die Massenmedien – vor allem an die Öffentlichkeit wenden, um so auf vermeintliche Missstände aufmerksam zu machen und um öffentliches Bewusstsein und Unterstützung zu werben. Ausprägungen dieser nicht-verfassten Formen politischer Partizipation reichen vom Tragen von Kleidung oder Abzeichen mit politischem Hintergrund, über die Organisation von

Unterschriftensammlungen bis hin zur Gründung von Bürgerinitiativen (vgl. Schultze 2001: 363ff.).

Eine Sonderform der nicht-verfassten politischen Partizipation stellen Protesthandlungen dar, welche von Personen angewendet werden, welche – berechtigt oder unberechtigt – das Gefühl haben, dass ihnen sonstige Ausdrucksmöglichkeiten verwehrt bzw. von der Öffentlichkeit oder politischen Entscheidungsträgern ignoriert werden. (Anderson/Mendes 2005; Nam 2007).

Donatella DellaPorta und Mario Diani definieren Protest als *„nonroutinized action in which indirect channels of influence are opened through the activity of a series of collective actors"* (2006: 191). "Protest" geht dabei über die routinisierten Formen nicht-verfasster politischer Partizipation in repräsentativen Demokratien hinaus und umfasst ein breites Spektrum, dass über mehrere Abstufungen von passiven, nonkonformistischen Verweigerungshandlungen und zivilem Ungehorsam über Boykotten und gewaltfreie, aber illegale Aktionen bis hin zu gewalttätigen Handlungen gegen Objekte oder auch Personen reichen kann (vgl. ebd.: 162-192; Norris 2002: 188- 212). Gewalt hat sowohl symbolische als auch instrumentelle Ziele. Sie soll auf der einen Seite dazu dienen die symbolische Ablehnung des Systems zu demonstrieren, auf der anderen Seite aber auch dabei helfen, Beachtung in den Massenmedien zu erringen.

In diesem Wettbewerb um das knappe Gut öffentlicher Aufmerksamkeit müssen die Protestformen entweder ungewöhnlich viele Menschen involvieren, radikale Taktiken angewandt werden oder besondere kreative Wege der Meinungsäußerung ersonnen werden (DellaPorta/ Diani 2006: 174). Wenn Aktivisten zudem dazu bereit sind, persönliche Risiken auf sich zu nehmen, um ihre Überzeugungen zu demonstrieren, kann dies auch für eine starke massenmediale Aufmerksamkeit sorgen, wie bspw. Aktionen von *Greenpeace*- Aktivisten aufzeigten, die unter Gefahr für Leib und Leben in Schlauchbooten gegen Walfangschiffe demonstrierten.

Laut Norris (2002: 215) stellt das *„Recht auf Beteiligung sowie die Existenz realer Beteiligungschancen in modernen demokratischen Gesellschaften funktionale Notwendigkeiten dar"*, welche in rechtsstaatlichen Demokratien durch den besonderen Schutz der Versammlungsfreiheit und des Demonstrationsrechts, der Freiheit zur Bildung von Vereinigungen sowie dem Petitionsrecht an Instanzen des politischen Systems oder des Verwaltungsapparates garantiert werden sollen (Pürer 206: 407ff.).

In autoritären Systemen existieren viele politisch verfasste Partizipationsrechte, wenn überhaupt, meist nur auf dem Papier, während der Zugang zu den politischen

Entscheidungszentren weitestgehend eingeschränkt und nur einem überschaubaren privilegierten Personenkreis möglich ist (vgl. Merkel 1999: 23- 56). Politische Partizipation findet in autoritären Staaten daher eher in Form von Korruption, Patronage und Klientelismus im Arkanbereich politischer Entscheidungsfindung statt und schließt den überwiegenden Teil der Bevölkerung aus.

Nicht- verfasste Partizipationsformen bzw. die Einforderung in den Gesetzen verfasster, aber in der Realität vom Regime ignorierter Partizipationsrechte, können für die Bürger autoritärer Staaten mit einem großen Risiko behaftet sein, indem sie das Regime zu harten Gegenmaßnahmen herausfordern und ernste Konsequenzen, wie Haft, Folter oder sogar den Tod der beteiligten Aktivisten nach sich ziehen können.

Besonders gefährlich für autoritäre Regime sind öffentlich und für alle zugänglich geäußerte Kritik gegen ihre Herrschaftsweise sowie die Organisation und Mobilisierung großer Bevölkerungsteile gegen die politische Führung. Die Beteiligung vieler Menschen ist für die Sicherheitsapparate autoritärer Regime weniger zu kontrollieren, sie kann auch einfacher für die Unterbrechung der täglichen Routinen sorgen und damit beträchtlichen wirtschaftlichen Schaden anrichten. Vor allem aber zeigen große Menschenmengen dem Regime und potentiell auch der Weltöffentlichkeit das Ausmaß der Unzufriedenheit in der Bevölkerung an (DellaPorta/ Diani 2006: 171ff.). Staatlich kontrollierte Medien und Repressalien gegen oppositionelle Meinungsführer sollen daher die Kommunikationsmacht des Regimes sicherstellen und die Diffusion „gefährlicher" Informationen in der Bevölkerung verhindern, während die Sicherheitsapparate Versammlungen, Demonstrationen oder Aufstände aufzulösen bzw. niederzuschlagen haben.

In semi-autoritären Systemen und defekten Demokratien können dennoch vielfältig verfasste und nicht-verfasste Spielarten der Bürgerbeteiligung existieren und durch die Bürger auch lebhaft genutzt werden, aber diese werden mit wachsendem Herrschaftsanspruch des Regimes zunehmend eingeschränkt und durch Repressionsapparate unterdrückt werden.

3. Individuelle politische Kommunikation und IKT in autoritären Systemen

3.1 Formen der Informations- und Kommunikationstechnologien

In dieser Studie werden Informations- und Kommunikationstechnologien (IKT) als Sammelbezeichnung für alle Technologien zur Bearbeitung und Kommunikation von Informationen aufgefasst. Sie beinhalten Telekommunikationstechnologien, wie Telefon, Kabel, Satellit und Radio ebenso wie digitale Technologien, z.B. Computer, Informationsnetzwerke und Software (vgl. Damodaran/ Olphert 2006: 6).

Der Begriff der IKT wurde in Anlehnung an die gängige Operationalisierung der *International Telecommunication Union* (ITU) und der *United Nations Statistical Commission* (UNSTATS) gewählt (vgl. ITU 2007; UNSTATS 2007), um den Sichtkreis nicht nur auf die verschiedenen internetbasierten Dienste zu verengen, sondern auch die Potentiale der Mobilfunktechnologie sowie der Technologien zum Senden und Empfangen von Fernseh- und Radiosignalen für die drei Dimensionen der individuellen politischen Kommunikation mit in die Untersuchung einbeziehen zu können.

Der zusammenfassende Begriff der IKT ist Anfang der achtziger Jahre entstanden, als mit der Digitalisierung der Fernsprechnetze begonnen wurde. Aber er ist bis heute nicht einheitlich definiert und verändert sich zudem auch ständig durch die Entwicklung neuer technischer Anwendungen. Je nach Erkenntnisinteresse aus einer wirtschaftlichen, rechtlichen oder technischen Perspektive kann er auch größer gefasst werden und z.B. die unterschiedlichen physischen Datenträgerformate oder die Hard- und Software zur Datenbearbeitung beinhalten. Unter der Federführung der ITU und UNSTATS und unter Mitarbeit von OECD, Weltbank und EUROSTAT, hat eine Arbeitsgruppe verschiedener internationaler Organisationen namens *Partnership on Measuring ICT for Development* über mehrere Jahre an gemeinsamen Standardindikatoren gearbeitet, die eine weltweite Messung und Vergleichbarkeit der IKT-Penetration ermöglichen sollten. Ein besonderes Augenmerk liegt dabei vor allem auf der Rolle der IKT für den wirtschaftlichen Fortschritt der Entwicklungsländer. Die Indikatoren wurden 2007 erstmals durch die UNSTATS offiziell befürwortet und werden seitdem beständig weiterentwickelt. Die Statistikämter der EU, der UNO arbeiten bereits weitestgehend auf Grundlage des gemeinsam erstellten Indikatorenkatalogs. Sie enthalten u.a. die Anzahl von Fest- und Mobilfunkanschlüssen, PCs pro Einwohner, Internettarife- und Übertragungsgeschwindigkeiten; die Zahl öffentlicher Internetzugänge, die Anzahl gesendeter

SMS, die Anzahl von Satellitenschüsseln und Radio- und TV- Sets pro Einwohner etc. (vgl. UNSTATS 2007; ITU 2007)

Bei vielen autoritären Systemen der Welt handelt es sich um Entwicklungs- oder Schwellenländer mit sehr unterschiedlichen Ausprägungen der IKT- Durchdringung. Das ist zum einen auf die verschiedenen wirtschaftlichen und technologischen Entwicklungsstände zurückzuführen, zum anderen aber auch auf die Regulierungsanstrengungen der Regime und unterschiedliche kulturelle Vorlieben bei der Medienrezeption (Kalathil/ Boas 2004). So besitzt der Satellitenrundfunk im arabischen Kulturraum beispielsweise einen höheren Stellenwert als Informationsquelle als das Internet (Seeberg/ Feldt 2006). In den Inselnationen Südostasiens wird dagegen z.B. oft die besondere Rolle des Mobilfunks hervorgehoben, der schon einen wichtigen Beitrag zur Informationsdiffusion und Massenorganisation beim Sturz von Präsident Joseph Estrada auf den Philippinen geleistet haben soll (vgl. Lee 2005: 47ff.). Die neueren Generationen der Mobiltelefone erlauben - bei entsprechend ausgebauter Infrastruktur – inzwischen auch die Möglichkeit der mobilen Internetnutzung und können damit auch viele Menschen erreichen, die sich die „klassischen" Zugangsmedien, wie Desktop-PC oder Laptop, nicht leisten können (vgl. ITU 2008a).

3.2 Kommunikative Leistungspotentiale

Aufgrund der fortgeschrittenen Diffusion des Internet in breite Bevölkerungsschichten und der allgemeinen Bekanntheit der „Standarddienste" wie WWW, Email, Chat usw. ist an dieser Stelle eine detaillierte Beschreibung einzelner Anwendungen nicht mehr notwendig. [16]Deshalb sollen im Folgenden nur einige grundlegende Bemerkungen zu den kommunikativ und politisch relevanten Leistungspotentialen der IKT folgen.

Im Vergleich zum „analogen Zeitalter" ist es für die meisten Menschen mit Zugang zu moderner IKT und entsprechender Bildung heute relativ einfach geworden, selbst erstelltes Material massenhaft zu reproduzieren und weltweit zu veröffentlichen. Obwohl der überwiegende Anteil der im weltweiten Internet zugänglichen Informationen unpolitischer Art ist, bietet es eine hervorragende Plattform für politischen Aktivismus. Nicht nur durch die Vereinfachung der Informationssuche durch nahezu weltweite Zugänglichkeit von Medieninhalten und die Vervielfachung von Informationsanbietern, sondern auch durch die Möglichkeit der Verbreitung der eigenen Ansichten und der Kommunikation und Vernetzung mit Gleichgesinnten.

---

[16] Für eine eingehende Betrachtung der Entwicklungsgeschichte, technische Voraussetzungen und Anwendungsformen verschiedener Online- Dienste, siehe u.a. Beck 2006; Strohmeier 2004: 45- 66

Die modernen IKT kombinieren Computertechnologie zur Verarbeitung von Inhalten und der Strukturierung von Kommunikation sowie Telekommunikationsnetzwerke für den Zugang und die Verbindung mit verschiedenen, potentiell fernen, aber trotzdem überall erreichbaren Menschen und Informationen. Hinzu kommt die Digitalisierung von Inhalten, welche die Wiederverarbeitung von Daten, Integration und Präsentation in verschiedenen Formaten, wie Text, Bild, Audio und Video erlaubt (Rice 2002).

Einen bedeutenden Faktor stellt die zunehmende Globalisierung und der grenzüberschreitende Charakter IKT- vermittelter politischer Kommunikation dar (Vowe/ Dohle 2007: 341- 343; Bucher 2004: 5f). Natürliche Grenzen verlieren ihre Bedeutung, und ausländische Akteure können Einfluss gewinnen. Eine weitere Folge davon ist steigende Präsenz von Kleingruppen und individuellen Akteuren, vorausgesetzt sie verfügen über das nötige Wissen und die infrastrukturellen Voraussetzungen.

Für die individuelle politische Kommunikation in autoritären Staaten spielt auch die Umgehung klassischer Filterinstanzen und *gatekeeper* des autoritären Regimes eine Rolle. Dies ermöglicht die dezentrale Organisationsstruktur des Internet und vor allem die neue Vielzahl von Informationsquellen abseits der regulierten Massenmedien in autoritären Systemen (Banse 2007: 46f.; Burnett/ Marshall 2003: 161ff.)

Die Akteurskonfiguration der Online- Kommunikation unterscheidet sich wesentlich von herkömmlicher Individual- und Massenkommunikation (Vowe/ Dohle 2007: 349). Die alte Unterscheidung zwischen Kommunikator und Rezipient wird zunehmend perforiert und zum ersten Mal in der Geschichte ist eine Kommunikation „von vielen zu vielen" möglich geworden. Prinzipiell ist die Einspeisung von Informationen inzwischen für Jedermann möglich geworden, d.h. jeder Nutzer ist auch gleichzeitig ein potentieller Sender (Banse 2007: 48; Rice 2002: 129f.).

3.3 Erweiterung der individuellen politische Kommunikation durch IKT

Die jeweilige Stärke, Autonomie und Durchsetzungsfähigkeit zivilgesellschaftlicher Akteure können von den verschiedenen politischen und kommunikativen Leistungsmerkmalen moderner IKT profitieren. Gleichwohl sind nicht alle IKT gleichermaßen relevant für die drei Dimensionen individueller politischer Kommunikation und werden im folgenden Abschnitt auf ihre potentiellen Leistungspotentiale im Umfeld autoritärer Herrschaft hin beleuchtet.

3.3.1 Rezeptive politische Kommunikation

Die rezeptive politische Kommunikation der Bürger wird in autoritären Systemen durch die Kontrolle des Regimes über die Massenmedien und die Einschränkungen der individuellen Kommunikationsgrundrechte eingeschränkt. Die Ausbreitung der IKT kann den Bürgern autoritärer Staaten vielfältige potentielle Möglichkeiten bieten, die staatliche Informationskontrolle zu umgehen. Vor allem die neuen, internetbasierten Medien haben durch die generelle Aufweichung der Sender-Rezipienten-Rolle und der grenzüberschreitenden Eigenschaften des Internet neue Informationskanäle eröffnet. Darunter zählen Webangebote ausländischer Nachrichtenportale ebenso wie private Webseiten und Weblogs mit politischem Inhalt. Die Webinhalte beschränken sich dabei keinesfalls auf bloße Textnachrichten. Im Zeitalter der technischen Konvergenz der IKT und des *Web 2.0* bilden sich auch immer mehr Plattformen heraus, die zeitnah Bilder und Videos anbieten und verbreiten können

Seit der Entwicklung der Rundfunktechnologie sind sich autoritäre Regime der kommunikativen Macht dieser Medien bewusst und versuchen diese für sich selbst zu instrumentalisieren bzw. oppositionelle Meinungen zu blockieren. Dies gelang viele Jahrzehnte sehr gut, insbesondere in unterentwickelten Regionen, durch die staatliche Monopolisierung des Rundfunks und die Störung alternativer terrestrischer Rundfunksignale, etwa aus dem Ausland oder seitens oppositioneller Kräfte. Im Zeitalter der Satellitenrundfunktechnik ist dies nicht mehr so einfach möglich. Ab einem gewissen Einkommen können sich auch Menschen in armen Regionen, vorausgesetzt es existieret Elektrizität und die grundlegende technische Ausstattung, mithilfe legalen oder illegalen Satellitenempfangs viele alternative Informationsangebote ins Haus holen (O'Neil 1998: 13). Deutlich wird dies am Beispiel der arabischen Welt, wo es eine Reihe westlicher und neu entstandener arabische Sender, wie die bekannten *Al Djazeera* und *Al Arabiia*, per satellitengestützter Übertragung die territorialen Grenzen überschreiten könnten. Somit können sie vorbei am staatlichen Nachrichtenmonopol der verschiedenen arabischen Regime alternative und auch durchaus kontroverse Berichterstattungen bieten. (Athanasiadis 2005, Cherribi 2006, Seeberg/ Feldt 2006).

Die grenzüberschreitenden Eigenschaften des Internet und des Rundfunks haben auch zu einer Bedeutungssteigerung ausländischer Akteure für die rezeptive politische Kommunikation der Bürger autoritärer Systeme geführt (Voltmer 2000: 133ff.; Merkel/ Puhle '99: 81f.). Die neuen Kommunikationskanäle können oppositionellen Kräften im Exil neue Möglichkeiten der Rückbindung an ihr Heimatland bieten und einerseits den Bürgern ihres Herkunftlandes alternative Informationen in ihrer eigenen Sprache bieten, andererseits auch an den staatlichen Gatekeepern vorbei selbst alternative Informationen aus dem Land erhalten (Scherer/ Behmer 2000).

Für politische Propaganda, bzw. Vermittlung von Selbstbildern durch staatliche Akteure bietet der satellitengestützte Rundfunk neue Möglichkeiten. Insbesondere die größeren EU-Staaten und die USA senden Informationen in mehreren Sprachen in die ganze Welt, z.B. die Deutsche Welle, *Radio France Internationale*, oder die amerikanischen Sender *Radio Free Asia* und *Radio Free Europe*. Ausländische Staaten können aber auch eher zufällig bzw. „nebenbei" alternative Informationen durch ihren Rundfunk in benachbarten Staaten anbieten, wie im Falle des westdeutschen Rundfunks in der DDR. Oder sie unterstützen offiziell und direkt oppositionelle Sender ihrer Nachbarstaaten, wie der weißrussische Oppositionssender *Belsat* – eine Fernsehstation die von Polen aus Nachrichten und Reportagen auf weißrussisch sendet und sich als Alternative zu den staatlich gelenkten Medien in Weißrussland versteht (vgl. MDR 21.09.2008).

Eine besondere Rolle spielen häufig auch die vielfältigen formellen und informellen zivilgesellschaftlichen Vereinigungen und die verschiedenen Nichtregierungsorganisation westlicher Industrieländer, sowie westliche Gewerkschaften oder politische Stiftungen, welche den Bürgern autoritärer Staaten vielfältige Unterstützungsleistungen mit Hilfe der IKT anbieten können. Sie können durch das Internet alternative Informationsangebote schaffen und Wissen weitergeben[17] oder durch die Bereitstellung spezieller Software die Internetzensur autoritärer Regime umgehen helfen [18]. Zudem können die verschiedenen NROs oder Privatinitiativen auch dazu beitragen, als „*institutionalisierte Mahner aus dem Ausland*" (Merkel/ Puhle 1999: 87) in der Weltöffentlichkeit ein Bewusstsein für die Missstände in autoritären Systemen zu generieren.[19]

---

[17] Die Organisation *Reporters sans frontières* publiziert beispielsweise das *Handbook for Bloggers and Cyber-Dissidents*, in welchem sie Bürgern autoritärer Regime Hilfestellungen zur Gestaltung und Publikation von Weblogs geben und auch verschiedene Wege zur Umgehung der Internet- Zensur aufzeigen (vgl. RSF 2008c).
[18] So vergibt der Anonymisierungsdienst *Psiphon* beispielsweise neue IP- Adressen und erschwert den Sicherheitsbehörden autoritärer Regime die Verfolgung im Internet, während der Online-Dienst *Picidae* die Zensur bestimmter Webseiten dadurch umgehen hilft, dass er eine Aufnahme der gesperrten Seite macht und damit Worterkennungsfilter-Software der Zensurbehörden außer Kraft setzen kann.
[19] Ein populäres Beispiel ist die Online- Plattform *Global Voices*, welche Weblog- Beiträge aus aller Welt sammelt und übersetzt und somit einer breiteren Öffentlichkeit zugänglich macht. Andere Initiativen sind z.B. die Webseite *Eyes on Darfur*, welche mit Hilfe von Satellitenaufnahmen das Ausmaß des Genozids im Sudan verdeutlichen will, oder die Webseite *Free Burma Rangers*, auf welcher den ethnischen Minderheiten Myanmars eine Stimme gegeben werden soll.

Mit der zunehmenden Konvergenz von Internet, Mobilfunk und dem TV in modernen *Web 2.0-* Plattformen, können auch Inhalte aus Nachrichtensendungen oder Fotos von Handykameras – bspw. von Unruhen, die das Regime eigentlich nicht publik machen wollte – potentiell von jedermann, jederzeit abgerufen werden und eine Verschleierung damit sehr schwierig machen. So gesehen ist jede Person mit einer Handykamera und einem Internetanschluss eine potentielle Bedrohung für das Informationsmonopol des Regimes.

Das Potential der IKT für die rezeptive politische Kommunikation der Bürger autoritärer Staaten ist nicht zu unterschätzen: Das Brechen des Informationsmonopols des Regimes kann langfristig zum Misstrauen der Bevölkerung gegenüber den Machthabern beitragen und Missstände einem größeren Publikum bewusst machen. Kurzfristig könnten Informationen über Aufstände oder Streiks beispielsweise auch zu einer Solidarisierung und zur Verbreitung der Unruhen beitragen. Insbesondere autoritäre Entwicklungsregime stecken daher in einer besonderen Zwickmühle, da sie einerseits die IKT als bedeutenden Wirtschafts- und Entwicklungsfaktor benötigen und die Verbesserung der Infrastrukturen zur Regimelegitimation vorantreiben müssen, andererseits damit aber eben jene Grundlage zur Etablierung alternativer Informationskanäle schaffen.

3.3.2 Interpersonale politische Kommunikation

In autoritären Systemen versuchen die Machthaber die freie interpersonale Kommunikation – und damit die freie Meinungsäußerung und den freien Diskurs zwischen Menschen – durch Einschränkungen der Meinungsfreiheit und der Versammlungs- und Vereinigungsfreiheiten zu verhindern. Kritik an den Machthabern und der freie Fluss kritischer Informationen und Meinungen soll damit möglichst eingeschränkt werden. Durchgesetzt werden diese Verbote durch repressive Maßnahmen, Spitzelsysteme und im Telekommunikationsbereich durch die Überwachung, Lizenzierung und Kontingentierung von Telekommunikationsinfrastruktur.

Auch hier bieten die IKT neue Möglichkeiten, um die herkömmlichen staatlichen Beschränkungen zu umgehen. Allen voran hat die rasante Entwicklung der Mobilfunktechnologie: Jedermann ist potentiell jederzeit und überall erreichbar, Kurznachrichten können an viele verschiedene Leute gleichzeitig verschickt oder weitergeleitet werden und die Mobiltelefone der neuen Generationen erlauben sogar die Aufnahme von Fotos, Videos und deren Versendung an andere Personen oder sogar den direkten Zugriff auf das Internet und all seine Applikationen. Das mobile Internet ist weltweit auf dem Vormarsch (ITU 2008), da es den Zugang zum Internet kostengünstiger gestaltet.

Im Internet hat sich eine nicht mehr überschaubare Vielfalt an Online-Diensten und Webseiten zur interpersonalen Kommunikation und Vernetzung herausgebildet. Angefangen bei asynchroner Email- und BBS-Kommunikation, über die Entwicklung der synchronen Kommunikation per Chat, *Instant Messenger* und *Voice over IP* (VoiP), bis hin zu den vielfältigen Plattformen und *Social Communities* des *Web 2.0*, inklusive des so genannten *Micro-Blogging*[20] und den vielfältigen Plattformen des „Bürgerjournalismus" (Meckel/ Stanoevska-Slabeva 2008: 24- 29).

Die neuen Möglichkeiten interpersonaler Kommunikation durch IKT können auch bei der Pflege von Beziehungsnetzwerken zwischen Bürgern autoritärer Staaten untereinander oder mit ausländischen Unterstützern bzw. Oppositionellen im Exil helfen oder die internationalen Kontakte zur Schaffung von Öffentlichkeit und Ressourcen nutzen (Burt/ Taylor 2001; Lauth/ Merkel 1997: 32). So haben die Zapatisten in Mexiko unter anderem mit Hilfe des Internet die Weltöffentlichkeit auf sich aufmerksam machen und eine breite Unterstützerbasis im Ausland mobilisieren können (Hoffmann 2005).

Computervermittelte interpersonale Kommunikation spielt des Weiteren auch eine herausragende Rolle bei dem Schritt von diskursiver Auseinandersetzung über politische Themen hin zu aktiver Teilnahme an bzw. Organisation von politischer Partizipation, da sie eine kostengünstige und weltweite Kommunikation zwischen Aktivisten und Unterstützungsgruppen ermöglicht (Della Porta/ Diani 2006: 155).

3.3.3 Partizipative politische Kommunikation

IKT können die partizipative politische Kommunikation in autoritären Systemen sowohl in Hinsicht auf das Mobilisierungs- und Organisationspotential unterstützen, als auch durch die neuen Formen virtueller Partizipation. Im Rahmen der Studie soll sich Partizipation analog zu den Überlegungen in Kapitel 2.2.3 sowohl auf die realweltliche Beteiligung, die beispielsweise durch den Einsatz moderner IKT angeregt und operativ unterstützt wird, als auch auf neue Formen politischer Partizipation, die sich in computervermittelten Kommunikationsbeziehungen abspielen, beziehen (Hoecker 2006). Viele Formen computervermittelter Partizipation haben sich nach dem Beispiel ihrer realweltlichen Vorbilder entwickelt, so hat bspw. die Email-Aktion die klassische Unterschriftensammlung zum Vorbild und Online-Petitionen die klassische Briefpetition. Es haben sich in der

---

[20] *Mikro-Blogging* ist eine neue, mobile Form der Weblog- Aktualisierung. Online-Dienste wie die bekannten *Twitter-* oder *Jaiku-* Plattformen ermöglichen es dem Benutzer kurze, SMS-ähnliche Textnachrichten zu veröffentlichen. Diese können über verschiedene Kanäle wie SMS, Email oder Instant Messaging in das Weblog gestellt werden und dadurch für eine sehr hohe Aktualität der Einträge sorgen (vgl. Guardian vom 22.12.2008; WIRED vom 27.11.2008).

Onlinewelt allerdings Beteiligungsformen eigener Art entwickelt, die erst durch das kommunikationstechnische Leistungsprofil der neuen Medien ermöglicht werden und kein realweltliches Pendant besitzen, wie das Veröffentlichen einer Webseite mit politischem Inhalt oder die Verbreitung von Videobotschaften im Internet.

Auch die vielfältigen Erscheinungsformen politischer Beteiligung durch computervermittelte Kommunikation können ähnlich der zur typologisierenden Unterscheidung klassischer Partizipationsformen unterteilt werden. So gibt es auch hier verfasste Formen der Beteiligung, wie etwa das Angebot von virtuellen „Kummerkästen" oder Online-Wahlen, und nicht-verfasste Partizipationsformen, wie Protest-Emails oder Unterschriftenlisten (vgl. Rogg 2003: 165- 180). Partizipation in der Onlinewelt ähnelt aber auch noch in anderer Hinsicht ihrem realweltlichen Vorbild: Sie stellt jeweils sehr unterschiedliche Anforderungen an das Engagement und den Ressourceneinsatz der Akteure und kann sich stark im geforderten Aufwand und im Komplexitätsgrad unterscheiden. So benötigt bspw. die Erstellung und Pflege einer Webseite mit politischem Inhalt viel mehr Aufwand, als es die Teilnahme an einer Online-Petition erfordern würde. Die klassischen und die internetgestützten Beteiligungsformen schließen sich natürlich auch nicht gegenseitig aus, sondern bieten eine Erweiterung des herkömmlichen Handlungsrepertoires politischer Partizipation.

Auch die Sonderform politischer Partizipation, der Protest, findet sein Pendant in der computervermittelten Kommunikation (DellaPorta/ Diani 2006: 172), wobei das Spektrum von wütenden Beschwerden per Email an Journalisten oder Politiker, bis hin zu den potentiell destruktiven Partizipationsformen des „*Hacktivism*" reichen kann. Dieser teilt sich nach Jordan (2007) in Bewegungen, die versuchen den freien Informationsfluss sicherzustellen, z.B. Projekte einzelner Aktivisten oder NROs zur Umgehung von Zensurmaßnahmen in autoritären Systemen, und in „*mass action hacktivism*", einer Partizipationsform, die im Grunde an die klassischen Massenprotestaktionen in der realen Welt angelehnt ist und durch die Mobilisierung vieler Menschen Zeichen setzten will. Dies kann durch harmlose Unterschriftenaktionen oder den Aufruf zum Senden von Protest-Emails an amtliche Stellen geschehen, aber auch durch radikalere Formen wie *Denial of Service*- Attacken, bei welchen Server durch den gleichzeitigen Zugriff vieler Computer zusammenbrechen, oder dem Einschleusen von schädlicher Computersoftware. Eine weitere Ausprägung des „*hacktivism*" stellen destruktive Handlungen wie das „Kapern" und Verändern von Webseiten des politischen Gegners oder das Eindringen und Ausspionieren gegnerischer Computersysteme, inkl. dem Einsatz von Spionage-Software, wie Trojanern dar (ebd. 234).

Tabelle 3: Formen politischer Partizipation in digitalen Netzwerken

Partizipationstyp	Beispiele	
	Adaption	Sui generis
Verfasst/repräsentativ/ konventionell	Online-Wahl, „virtuelle" Parteiarbeit	-
Verfasst/direkt/ konventionell	Computervermittelte politische Kommunikation, Online- Referendum / Abstimmung, Online- Spende	-
Nicht-verfasst/ repräsentativ/ konventionell	Online- Konsultation, eGovernance, Chat über politische Themen	-
Nicht-verfasst/direkt/ konventionell	Gegenöffentlichkeit (Weblogs etc.), „virtuelle" Interessengruppen, Online-Petitionen	Online-Abstimmung (nicht bindend), Meinungsabfrage, interaktive Wahlhilfe („Wahl-O-Mat")
Nicht-verfasst/direkt/ unkonventionell	Online-Protest (Email- Kampagnen)	„Hacktivism" (DOS-Attacken, *Mail-Bombing* etc.)

Quelle: Entwickelt in Anlehnung an Lindner 2007; Della Porta/ Diani 2006; Rogg 2003

Innerhalb autoritärer Systeme sind diese Partizipationsformen aber mit relativ großem Risiko verbunden, da die Anonymität der computervermittelten Kommunikation durch die Überwachung des Internetverkehrs und den Zwang der Herausgabe von Kundendaten durch Internetzugangsprovider, die Speicherung von Bewegungsdaten oder dem Einsatz von Ermittlern im Internet weniger gegeben ist als in rechtsstaatlichen Demokratien und die Sicherheitsapparate autoritärer Staaten damit ein leichteres Spiel haben können.

Hermanns (2008) betont den besonderen Beitrag, welchen die Mobilfunktechnologie zur Organisation von Partizipation zu leisten in der Lage ist, insbesondere durch die Fähigkeit zum simultanen Senden von Kurznachrichten an viele Empfänger. Dadurch können spontan und innerhalb kurzer Zeit so genannte *„flash protests"*, oder *„smart bombs"* entstehen und die Sicherheitskräfte vor große Herausforderungen stellen. Da diese Art der Mobilisierung auch einen herausragenden Faktor bei dem Sturz des Präsidenten Joseph Estrada auf den Philippinen dargestellt haben soll, wird in der Literatur auch von einem *„coup d'text"* gesprochen (vgl. Lee 2005: 47ff.). Die Demonstranten bevorzugten die Mobiltelefone auch deshalb, weil die Penetration der Mobilfunktechnologie in diesem Land – wie auch in vielen anderen Staaten der Region (vgl. ITU 2008b) - im Vergleich zur Verbreitung des Internet sehr hoch ist. Das Mobiltelefon hatte sich auf den Philippinen innerhalb weniger Jahre zu einer Art „Statussymbol" und wichtigem Vernetzungs- und Kontaktpflegemedium entwickelt und konnte sich in Verbindung mit relativ preiswerten Verbindungsgebühren rasant in der Bevölkerung ausbreiten, während die Entwicklung des Internet an der wenig entwickelten Infrastruktur und zu hohen Zugangskosten krankte.

Das die angestrebte Mobilisierung aber keineswegs demokratisch motiviert sein muss, sondern im Sinne der „dunklen Seite der Zivilgesellschaft" (Lauth/ Merkel '97: 28) auch gesellschaftsschädigend sein kann, demonstrieren u.a. die vorwiegend per SMS orchestrierten Rassenunruhen in Sydney 2005 oder die Organisation des Sturms der japanischen Botschaft in Peking durch nationalistische Anti- Japan- Demonstranten im gleichen Jahr (Hermanns 2008).

C   Die Entwicklung und Ausbreitung von Informations- und Kommunikationstechnologie in der Volksrepublik China

4.   Makro- institutionelle und politisch- kulturelle Rahmenbedingungen

Im Folgenden sollen die weiter oben erarbeiteten, theoretischen Überlegungen am konkreten Beispiel der Volksrepublik China (VRC) überprüft werden. Dazu werden zunächst der politische und gesellschaftliche Kontext des Untersuchungsbeispiels kurz skizziert, bevor die Möglichkeiten und Konsequenzen der IKT für die Ausweitung individueller politischer Kommunikation untersucht werden soll. Dafür müssen zunächst die infrastrukturellen Bedingungen und das Nutzungsverhalten der Chinesen mit dem zur Verfügung stehenden Datenmaterial abgeglichen werden, bevor Aussagen über die spezifische chinesische Mediennutzung getroffen werden können.

4.1   Die Volksrepublik China im Transformationsprozess

Die Möglichkeiten und Schranken individueller politischer Kommunikation werden vorgegeben durch ein komplexes Zusammenspiel sozi-ökonomischer, institutioneller und politisch-kultureller Strukturbedingungen, die es bei einer Analyse zu berücksichtigen gilt. Die Volksrepublik China befindet sich seit nunmehr 30 Jahren auf dem schwiergen Weg tiefgreifender, wirtschaftlicher und sozialer Reformen, wobei die kommunistische Partei bislang sehr erfolgreich darin war ihren alleinigen Herrschaftsanspruch zu behaupten und ernsthafte politische Reformen zu verhindern. Gleichwohl durchziehen aufgrund des ungebremsten und rücksichtslos vorangetriebenen Wirtschaftswachstums und des Machtmonopols der KPCh vielfältige Konfliktlinien das Land und drohen die gesellschaftliche und politische Stabilität zu erodieren.

4.1.1   Politisches System

Das mit seinen über 1.3 Mrd. Einwohnern bevölkerungsreichste Land der Erde wird auch nach 30 Jahren tiefgreifender, wirtschaftlicher und sozialer Reformen durch die Kommunistische Partei Chinas (KPCh) regiert und kann als „harte Parteidiktatur" (Merkel 2003: 73) oder auch als „System eines fragmentierten Autoritarismus" (Heilmann 1999: 290) bezeichnet werden.[21] Heilmann nennt diese die Politik bestimmenden, nichtöffentlichen Verhandlungs- und Tauschprozesse einen „symbiotischer Klientelismus" (1999: 303). Die KPCh hat seit beginn der Reformperiode unter Deng viele Bereiche aus Wirtschaft und

---

[21] Im Rahmen dieser Magisterarbeit können nur die Grundlagen und die relevanten Entwicklungen des politischen Systems Chinas skizziert werden. Für einen ausführlichen und breit gefächerten Überblick siehe u.a. Heilmann 2004; Fischer/ Lackner 2007

Gesellschaft aus ihrer allmächtigen Kontrolle entlassen und versucht nun die politische Kontrolle über eine Wirtschaft und eine Gesellschaft aufrechtzuerhalten, deren rascher Wandel sich einer autoritativen Steuerung zusehends zu entziehen droht.

Die Staatsgewalt wird durch die KPCh und deren regionale und lokale Komitees ausgeübt. Partizipative Rechte gesteht das Regime dem Großteil der Bevölkerung nur auf Lokalebene zu, wo die Delegierten der Gemeinde- und Kreisvolkskongresse gewählt werden können. Diese haben laut Verfassung die Gemeinde- bzw. Kreisregierungen zu überwachen und wiederum Delegierte für die nächst höhere Ebene der Provinzvolkskongresse zu wählen, aus welcher schließlich die Abgesandten zu den Nationalen Volkskongressen hervorgehen. Diese Ansätze demokratischer Mitbestimmung werden allerdings durch die Verzahnung zwischen Partei- und Staatsgremien und die Mitbestimmung über die Kandidaten durch die Partei auf allen Regierungsebenen konterkariert.

Partei und Staat lassen sich in China kaum voneinander unterscheiden und besitzen eine Parallelstruktur von der nationalen bis hinab zur lokalen Ebene, wobei viele Partei- und Regierungspositionen auch in Personalunion geführt werden. (Heilmann 2004: 90ff.; Wu 2005; Yang, Guangbin 2006). Die Partei hat sich heute jedoch weit vom Grad der totalitären Herrschaftsweise und dem Führerkult der Mao-Jahre, mit seinem zeitweise unbegrenzten staatlichen Gestaltungsanspruch entfernt. 30 Jahre nach dem Beginn der von Deng Xiaoping eingeleiteten „Vier Modernisierungen"[22] fehlt der der frühere ideologisch motivierte Antrieb der kommunistischen Partei. Auch die engagierten Versuche seitens der KPCh, der chinesischen Bevölkerung eine ideologische Linie und ein neues System handlungsleitender Werte vorzugeben, sucht man inzwischen vergeblich.

Es sind im Wesentlichen drei Gründe, die den Erfolg, bzw. das Überleben, der KPCh begründet haben (Yue 2008; Heilmann 2004): Zum einen hatte sie die Lehren aus den innerparteilichen Machtkämpfen in der Mao- Ära gezogen und eine geordnete Ablösung der jeweiligen Führungsgeneration institutionalisiert. Des Weiteren gelang es ihr durch politische Kooption und die Öffnung der Partei für Vertreter der Privatwirtschaft, die neuen einflussreichen Bevölkerungsschichten in das politische System zu integrieren. Und nicht zuletzt haben der massive Ausbau der Infrastruktur und staatlich gelenkte Förderprogramme einen erlebbaren Aufschwung in den unterentwickelten Regionen Chinas bewerkstelligt (ebd. 92ff.).

---

[22] Dieser Begriff bezeichnet die in der VRC auch als „sozialistische Modernisierung" bekannte Reformpolitik mit den Schwerpunkten auf Industrie, Landwirtschaft, Militär sowie Wissenschaft und Technik.

Geprägt von den Ereignissen in der Sowjetunion und Osteuropa Ende der 1980er Jahre und den chaotischen Jahren danach, sowie den eigenen Erfahrungen mit der Demokratiebewegung befand die Pekinger Führung, dass eine starke autoritäre Führung und politische Stabilität der Instabilität und der Wirtschaftskrise vorzuziehen seien (Wilson 2007). Dabei hat sich die KPCh in der Vergangenheit als sehr anpassungsfähig erwiesen und sowohl den Verfall der kommunistischen Ideologie, als auch 30 Jahre der Reformen und gewaltigen wirtschaftlichen und sozialen Umwälzungen überstehen können (Fischer/Schüller 2007; Guo 2003; Yue 2008). Trotzdem sieht sie sich zunehmend mit dem Problem der zukünftigen Legitimation ihres Führungsanspruches konfrontiert. Als autoritäres Entwicklungsregime basiert ihr Machtanspruch zum größten Teil auf vorzeigbaren wirtschaftlichen Fortschritten und Stabilität. Ein weiterer Pfeiler des Machtanspruchs der KPCh stellt der Nationalismus und das historisch begründetes Misstrauen gegenüber der Abhängigkeit von ausländischen Mächten und Märkten in der Bevölkerung dar (vgl. Xu 2007; Cabestan 2005; Weatherley 2008).

Der neue chinesische Nationalismus speist sich aber keineswegs nur aus staatlicher Propaganda. Er handelt sich vielmehr um eine Symbiose der staatlichen Doktrin der territorialen Widervereinigung und nationaler Souveränität mit den bereits vorhandenen Einstellungen in der Bevölkerung. Die chinesische Führung ist sich durchaus bewusst, dass die nationalistischen Strömungen in der Gesellschaft auch eine Gefahr für ihren eigenen Machtanspruch darstellen können. Die offizielle Linie betont daher in der internationalen Politik die Darstellung Chinas als friedliches und verantwortungsvolles Land und versucht den offenen, xenophoben Nationalismus als politisch inkorrekt einzudämmen (vgl. Xu 2007: 117)

Die Sicherstellung der Kontrolle über die Bevölkerung wird auch durch ein umfangreiches Netz von Sicherheitsdiensten und Spitzelsystemen sichergestellt. Für den Bereich der Inlandsüberwachung, insbesondere der autonomen Regionen Tibet und Xinjiang, sind das *Ministry of State Security* (MSS) und das *Ministry of Public Security* (MPS) verantwortlich. Eine spezielle Abteilung, genannt Büro 610 wurde 1999 zusätzlich zur Überwachung religiöser Strömungen - und insbesondere zur Zerschlagung der *Falungong*- Bewegung - gegründet (vgl. Tong 2005)

Die Zentralregierung des riesigen Landes sieht sich zusehends mit Steuerungsproblemen auf regionaler und lokaler Ebene konfrontiert, wo Korruption, illoyale Kader, das Aufleben alter nicht-staatlicher Autoritätsstrukturen, Mafia, Bauernaufstände, soziale Verelendung, Abwanderung und die demografische Entwicklung ein enormes Instabilitätspotential hervorrufen (Schucher 2006; Heberer 2007). Das große Interesse lokaler Kader sich selbst zu bereichern erschwert es der Zentralregierung zunehmend ihre Autorität durchzusetzen. So ist es mehr als fraglich, ob die Zentralregierung sich wirklich noch in allen Landesteilen ohne den Einsatz der Sicherheitskräfte durchsetzen könnte oder ob es inzwischen nicht schon zu viele mächtige „Lokalfürsten" gibt (Schucher 2006).

Aber auch innerhalb der kommunistischen Partei drohen Gefahren: Der Verlust des ideologischen Fundaments der Partei, die grassierende Korruption bis in die höchsten Parteiränge, Streitigkeiten und Verteilungskämpfe zwischen Kadern verschiedener Regionen, der große Einfluss der sogenannten „Prinzlinge", der Kinder mächtiger Parteifunktionäre, sowie Richtungsstreitigkeiten zwischen den anhand klientelistischer und faktionaler Seilschaften gruppierter Elitekader bedrohen die Stabilität der Partei. Einen weiteren nicht zu unterschätzenden Machtfaktor stellt die Volksbefreiungsarmee (VBA) dar, welche sich zwar bisher immer loyal zur politischen Führung zeigte, jedoch auch eine bedeutende wirtschaftliche und politische Rolle in der VRC innehat und sehr nationalistische Positionen vertritt (vgl. Umbach 2004: 33).

4.1.2 Gesellschaftliche Konfliktlinien

Bei der Betrachtung der heutigen Volksrepublik China und einer Bewertung der Handlungen und Einstellungen seiner politischen Führung muss auch die geschichtliche Entwicklung des Landes berücksichtigt werden. Für mehr als ein Jahrhundert, bis in die Mitte der 1970er Jahre, befand sich das Land in fast ständiger Instabilität: Der Zusammenbruch des Kaiserreiches, die Besatzung und Teilung durch ausländische Mächte, Bürgerkrieg, Hungersnöte, der totalitäre Herrschaftsanspruch und Führerkult unter Mao, die anarchischen Jahre der Kulturrevolution usw. Auch die chinesische Führung der heutigen „Vierten Generation"[23], allesamt über 60 Jahre alt, ist durch zumindest einige dieser Erfahrungen tief geprägt worden (Schmidt-Glintzer 2007; Klaschka 2007).

Trotz und auch gerade wegen der enormen sozialen und wirtschaftlichen Fortschritte seit Beginn der Reformära vor nunmehr 30 Jahren durchziehen viele Konfliktlinien die Volksrepublik. Zwar leben heute nur noch ca. 8% der Chinesen unter der Armutsgrenze, im Vergleich zu den über 50% zu Beginn der 1990er Jahre (Hediger 2007), dennoch ist die

---

[23] In der Chinaforschung ist es inzwischen üblich, die wechselnden Führungseliten vereinfacht in "Generationen" einzuteilen. Deren Mitglieder unterscheiden sich jeweils in ihren prägenden Lebenserfahrungen, Ausbildungshintergründen und politischen Orientierungen. Nach dem Tod Maos folgte die „zweite Generation" unter Deng Xiaoping und nach ihr die „dritte Generation" um Jiang Zemin, welcher nach 2002 sukzessive in seinen Partei- und Staatsämtern vom heutigen Präsidenten und KPCh- Generalsekretär Hu Jintao abgelöst wurde (vgl. Heilmann 2004: 46ff.)

Verteilung des neuen Reichtums sehr uneinheitlich. Am meisten von den Reformen haben die Parteikader und die privatwirtschaftlichen Akteure profitiert, am wenigsten die Bauern und Industriearbeiter (vgl. Zheng 2008: 40ff.). Es existieren tiefe Einkommensunterschiede zwischen den Regionen und den sozialen Schichten die zu einer grassierenden Landflucht geführt haben: Etwa 90 Mio. unregelmäßig beschäftigte Wanderarbeiter ziehen mit der Hoffnung auf Wohlstand in die Großstädte, vor allem in die boomenden Sonderwirtschaftszonen und Metropolen und an der chinesischen Ostküste (Cai/ Hua 2008). Eine Entwicklung, die durch den demographisch bedingten Arbeitskräfteüberschuss in den nächsten Jahren noch zunehmen wird und keineswegs nur auf das Land beschränkt ist - der chinesische Arbeitsmarkt ringt auch zunehmend mit der Absorption der Millionen gut ausgebildeter Fachkräfte und Akademiker, welche Chinas Universitäten jedes Jahr verlassen (vgl. Hebel / Schucher 2007: 289ff.).

Die Wanderarbeiter werden in den Wirtschaftszentren dringend als billige Arbeiter benötigt und machten 2006 fast 50% der Beschäftigten in den Städten aus (vgl. Cai/ Hua 2008: 182), erhalten aber keine langfristige Aufenthaltserlaubnis und werden gegenüber der Stadtbevölkerung durch verschiedene Maßnahmen benachteiligt. Sie erhalten üblicherweise keine Sozial-, Arbeitslosen- oder Krankenversicherung, ihren Kindern wird der Besuch von Schulen verweigert und sie sind der ständigen Willkür ihrer Arbeitgeber und örtlicher Beamter ausgesetzt (Wacker 2008a). Zudem steigen die Lebenserhaltungskosten und die Kriminalitätsrate in China seit Jahren (BBC 03.01.2008).

Trotzdem hat sich vor allem in den Städten eine relativ große Mittelschicht herausgebildet, welche über bescheidenen Wohlstand verfügt und weniger politische Forderungen stellt, als vor allem damit beschäftigt zu sein scheint, dem Konsumverhalten westlicher Gesellschaften nachzuahmen. Eine kleine Zahl chinesischer Unternehmer haben es, selbst nach internationalen Maßstäben, sogar zu erheblichen Reichtum geschafft und damit begonnen, die riesigen chinesischen Konzerne zunehmend auch als internationale Wirtschaftsakteure zu positionieren (Fischer 2007).

Auf dem Land, wo noch immer zwei Drittel der 1,3 Mrd. Chinesen leben, sind die allgemeinen Krisenphänomene der Transformation allgegenwärtig. Hier hat die Partei ihren einstigen, umfassenden Machtanspruch zu großen Teilen verloren. Jedes Jahr finden, offiziellen Angaben zufolge, über ganz China verteilt ca. 80.000 Demonstrationen und Aufstände statt (Wacker 2008a). Ansehensverlust durch Korruption und Willkür lokaler Kader (Chen, An 2007; Schucher 2006), Umweltverschmutzung (Oberheitmann 2007), der durch die „Ein- Kind- Politik" verschuldete Mangel an heiratsfähigen Frauen in vielen Regionen (Scharping 2007b) sowie die Rückkehr traditioneller ländlicher Autoritätsformen und die Herausbildung krimineller Netzwerke und „Geheimgesellschaften" (Heimann 2004: 191- 244), bei gleichzeitiger Erosion der politischen Steuerungskapazitäten, stellen die Partei vor schwierige Aufgaben.

Zwei der Tabuthemen in den chinesischen Medien sind die der „nationalen Souveränität" und der „territorialen Integrität". Die Chinesische Bevölkerung umfasst neben der dominierenden Gruppe der Han- Chinesen noch 56 andere, mehr oder weniger stark assimilierte Ethnien. Insbesondere in den beiden autonomen Regionen Tibet im Südwesten und Xinjiang im Nordwesten, werden die Machthaber in Peking immer wieder mit Forderungen nach mehr Autonomie konfrontiert und sehen sich Protesten gegen Überfremdung, Benachteiligung und Unterrepräsentation in Behörden und Parteiämtern, Bildung und Wohnungsbau sowie Unterdrückung der freien Religionsausübung gegenüber (Chung 2002; Smith-Finley 2007). Aber auch die katholische Kirche in China und religiöse Sekten wie *Falungong* werden intensiv beobachtet und in ihren Aktivitäten eingeschränkt, wenn nicht sogar verboten (Malek 2007; Tong 2005). Zum „unteilbaren Staatsterritorium" der VRC gehört nach Leseart der KPCh zudem die abtrünnige Inselprovinz Taiwan, welche die Volksrepublik aufgrund des Unteilbarkeitsdogmas schon wiederholt in internationale politische Krisensituationen bringen konnte (Umbach 2004).

Die politische Opposition gegen die KPCh ist aufgrund des Überwachungssystems und harter Repressionen weitestgehend zersplittert. Die Zerschlagung der Demokratiebewegung auf dem Tiananmen- Platz in Peking 1989 und die danach folgenden Verhaftungswellen gegen Regimegegner hat die Demokratiebewegung marginalisiert, wenn auch nicht vollständig verschwinden lassen (WSJ 12.12.2008). Die chinesischen Oppositionellen im Ausland werden im Allgemeinen als nicht sehr einflussreich eingeschätzt, da sie in China weitgehend unbekannt sind und auch keine Möglichkeiten besitzen, ihre Botschaften im strikt kontrollierten chinesischen Mediensystem an die Bevölkerung zu richten (Yang, Guobin 2003; Yeoh/ Willis 2005; Nyiri 2007; Shu 2003). Die chinesische Führung versucht – ganz im Gegensatz dazu – die Auslandchinesen in *Greater China*[24] und in Übersee durch eine neue

---

[24] Der Begriff *Greater China* beschreibt in der Chinaforschung die zum erweiterten chinesischen Sprach- und Kulturkreis gehörenden Länder in Ost- und Südostasien (Rawnsley 2003). Das sind neben der Volksrepublik China, inkl. Honkong und Macau, auch Taiwan und Stadtstaat Singapur, in dem Chinesen mit 70% der Einwohner die Mehrheit stellen. Zudem wird auch oft chinesische Diaspora in den verschiedenen Ländern Südostasiens dazu gezählt.

Art von Ideologie, dem ethnischen Nationalismus, an die Volksrepublik zu binden und sie in eine starke und loyale, pro- Peking- Front zu organisieren (Barabantseva 2005).

Das explosive Gemisch sozialer und wirtschaftlicher Konflikte in der VRC kann sich auf vielfältige Weise entzünden und sehr unterschiedliche konkrete Auslöser haben: Einmal sind es unzufriedenen und streikende Taxifahrer (vgl. WSJ 21.12.2008), ein anderes Mal der Mord an einem Mädchen durch den Sohn eines Kaders und die versuchte Vertuschung durch die Polizei (vgl. BBC 29.06.2008), die zu Massendemonstration, Streiks oder gewalttätigen Unruhen führen können. Auch wenn es bisher noch zu keiner nationalen Bewegung gekommen ist, können sich solche Unruhen schnell lokal, aber auch regional ausbreiten (Schucher 2006). Hier kommt den staatlichen Massenmedien vor allem die Aufgabe zu, eine Ausbreitung der Unruhen durch Gegenkampagnen bzw. Stillschweigen zu verhindern.

4.1.3 Entsteht in China eine Zivilgesellschaft?

Die Frage, ob man in China von der Herausbildung einer Zivilgesellschaft sprechen kann, ist in der Forschung heftig umstritten. Weitestgehend einig ist man sich allerdings darin, dass der chinesische Staat die Gesellschaft nicht mehr total überwachen kann und auch die vielfältigen Probleme allein nicht mehr in den Griff bekommt und daher gezwungen ist, soziale und kulturelle Leistungen an gesellschaftliche Vereinigungen auszulagern (vgl. Lin 2007: 153ff.).

Die Verbände und Gewerkschaften werden immer noch strikt durch die KPCh kontrolliert und politisch oder wirtschaftlich besonders einflussreiche Organisationen durch personelle Verzahnung mit Parteigremien in das System eingebunden, während Ansätze alternativer Organisationsversuche im Keim erstickt werden (Heilmann 1999; 2004: 211- 217). Chen (2007) sieht darin aber auch gleichzeitig einen der Hauptgründe für die schlechte soziale Lage der Arbeiter in China, da die Regierungsvorschriften zum Schutz von Arbeitnehmern ohne Druckmittel keine Chance haben, auch wirklich durchgesetzt zu werden.

Abseits der offiziellen Institutionen des politischen Systems hat die Volksrepublik in den letzten Jahren aber eine Explosion formeller und informeller gesellschaftlicher Vereinigungen beobachten können. Vor allem auf lokaler Ebene haben sich Menschen zusammengeschlossen, um bspw. örtliche Probleme im Umweltschutz oder in der Sozialfürsorge anzugehen. Sie genießen dabei Rückendeckung in der Bevölkerung und von der nationalen Führung - oft auch gegen lokale Parteigremien (vgl. Lin 2007: 156f.) -, da sie vor allem lokale Probleme thematisieren, deren Behebung auch im Interesse der nationalen Parteispitze liegen (Heilmann 2004: 211- 217). Seit den 1990er Jahren blühten vor allem Umweltbewegungen auf, welche im Gegensatz zu früheren Methoden kollektiver Akteure in der VRC nicht mehr konfrontativ vorgehen, um auf die Gewinnung von öffentlicher Unterstützung und eine Provokation der Autoritäten zu zielen, sondern eher darum bemüht sind, langfristige Organisationskapazitäten aufzubauen (Lin 2007: 173f.) Zu diesem Zweck vernetzen sich auch zusehends mit anderen Bewegungen auf nationaler Ebene und intensivieren ihre Kontakte zu internationalen NROs, welche seit einigen Jahren begrenzt in China operieren dürfen (Heberer/ Sausmikat 2004). Diese Bestrebungen werden natürlich auch durch die staatlichen Behörden beobachtet, welche der Entstehung einer landesweiten Bewegung schnell einen Riegel vorschieben würde.

Unterstützt werden die sozialen und ökologischen Bewegungen auch durch die staatlichen Medien und durch kritische Berichte der selbstbewusster gewordenen, investigativen Journalisten. Das demonstriert auch die extrem gestiegene Anzahl von Artikeln über Umweltprobleme in der chinesischen Presse seit Mitte der 1990er (Yang/ Calhoun 2007: 221). Diese sind auch selbst auffallend oft Mitglieder in gesellschaftlichen Vereinigungen (vgl. Lin 2007: 173)

Eine Zivilgesellschaft gehört zu den unverzichtbaren Vorraussetzungen stabiler rechtsstaatlicher Demokratien, sie ist selbst aber keineswegs zwangsläufig demokratiefreundlich. Die von der städtischen Mittelschicht und vor allem von Studenten getragene Demokratiebewegung in China ist seit 1989 nicht mehr besonders einflussreich. Aufgrund staatlicher Repressionen und Überwachung haben sich die Mittelschicht und die Privatwirtschaft weitgehend mit dem Machtanspruch der KPCh arrangiert. Zudem kritisieren viele Chinesen, vor allem auf dem Land, nicht die nationale Führung in Peking und das politische System an sich, sondern die Auswüchse der Reformen und die Willkür und Korruption lokaler und regionaler Kader (Li 2008). Wang (2007) sieht die weitere Entwicklung der Demokratie in China trotzdem eher positiv, da ein Großteil der chinesischen Bevölkerung den demokratischen Werten zwar nicht abgeneigt ist, aber auf absehbare Zeit dem wirtschaftlichen Wachstum und der Systemstabilität den Vorrang einräumt. Doch insbesondere die wachsende urbane Mittelschicht kann durchaus als potentieller Träger einer zukünftigen Demokratiebewegung angesehen werden. Zudem experimentiert das Regime seit geraumer Zeit auf lokaler Ebene mit dörflicher Selbstverwaltung und Direktwahlen von Dorfkomitees, auch zum Zwecke der Entlastung der zunehmend überanspruchten staatlichen Steuerungskapazitäten (Alpermann 2002; 2007)

Eng verwandt mit der Diskussion um Demokratie ist auch die Diskussion um Menschenrechte. Diese wird in China genauso geführt wie im Westen, allerdings auf der Grundlage unterschiedlicher historischer Erfahrungen und ideengeschichtlicher Traditionen. Während die KPCh mehr oder weniger erfolgreich eine „Demokratie chinesischer Ausprägung" propagiert, welche sich auf diffuse „asiatische Werte" (vgl. Merkel 2003: 90-116) stützen soll, begegnet sie der Kritik westlicher Regierungen und NROs auch gern mit dem Hinweis, dass sich China unter der Führung der Partei innerhalb weniger Jahrzehnte vom Entwicklungs- zum Schwellenland hochgearbeitet hat und hunderte Millionen Menschen dadurch der absoluten Armut entrissen worden sind (Kupfer 2007; Weatherley 2008; XINHUA 21.04.2008; 21.04.2008).

4.2 Medien- und Kommunikationspolitik in der VRC

Das chinesische Mediensystem hat sich in den 30 Jahren seit Beginn der Reformen unter Deng Xiaoping fundamental geändert. Das Medieninhalte und –formate haben sich vervielfacht und mit dem Rückzug des Staates aus der Medienfinanzierung hat mit dem neuen, angebotsorientierten Journalismus auch die kritische Berichterstattung einen Platz in den Medien gefunden. Auch die ideologische Führung und Instrumentalisierung der Medien spielt bei weitem nicht mehr die Rolle wie in der Mao-Ära oder zu Anfang der Reformperiode.

Gleichwohl ist das Mediensystem in der Volksrepublik China immer noch eines der am stärksten regulierten der Welt. Reporter ohne Grenzen (*Reporters sans Frontiers*, RSF) und *Freedom House* ordneten die VRC 2008 wiederholt auf den letzten Rängen ihrer jeweiligen Pressefreiheits- Indizes ein: Platz 167 von 173 (RSF 2008a), bzw. 181 von 195 (Freedomhouse 2008a) erfassten Staaten.

Zum Zeitpunkt der Fertigstellung dieses Buches befanden sich laut dem *Committee to Protect Journalists* (CPJ) in der VRC 28 Journalisten im Gefängnis (CPJ 2008b). Die *World Association of Newspapers* (WAN) setzt diese Zahl sogar bei mindestens 30 Journalisten und 50 Online-Reportern an (WAN 2008). Die Dunkelziffer ist aber wahrscheinlich weitaus höher, da auch Angehörige und Freunde der Inhaftierten eingeschüchtert und zum Schweigen gebracht werden. Beide Organisationen bezeichneten die VRC unabhängig voneinander als „*world's biggest jailer of journalists*".

Bevor die möglichen Einflüsse von IKT auf die individuelle politische Kommunikation betrachtet werden können, sollen zunächst die Ausgangsbedingungen, d.h. der historische, infrastrukturelle und politische Rahmen der chinesischen Medien- und Kommunikationspolitik beleuchtet werden.

4.2.1 Geschichtsabriss

Die Geschichte der Massenmedien in der Volksrepublik China lässt sich in mehrere Phasen einteilen. Nach dem gewonnenen Bürgerkrieg 1948 setzten die neuen kommunistischen Machthaber die Printmedien getreu den Vorgaben der Leninschen Pressetheorie ein und nutzten sie vor allem als Führungs- und Propagandainstrumente. Sie waren somit fest in das Prinzip der Gewaltenkonzentration eingebunden und sollten als Instrument der Veränderung der gesellschaftlichen Verhältnisse dienen. Berufszugänge für Journalisten wurden staatlich kontrolliert und die 1948 gegründete Monopolagentur *Xinhua* mit der Beschaffung, Aufarbeitung und Verbreitung von Auslandsnachrichten betraut. (Xin 2006). Die Presse wurde so organisiert, dass auf jeder Ebene der Parteistruktur - national, auf Provinzebene, in den autonomen Regionen und oft auch auf Bezirks- und Kreisebene – eine oder mehrere Zeitungen existierten. Daneben verfügten auch die meisten Regierungsinstanzen und die großen Massenorganisationen, wie die Volksbefreiungsarmee oder die Kommunistische Jugendliga über eigene Sprachrohre. (Grant 2001, Fischer 2001: 6f.).

Das Leitmedium war bis weit in die 1970er Jahre hinein die 1948 gegründete Parteizeitung *Renmin Ribao* (*People's Daily*), die, wie das 1958 auf Sendung gegangene staatliche Fernsehen, dem Volk vor allem die ideologischen Zielsetzungen und die Politik der Regierung zu vermitteln hatte (Chen 2007). Aufgrund der Unterentwicklung großer Landesteile und dem mangelhaften Ausbau der Telekommunikations- Infrastruktur verfügten nur wenige Chinesen über einen Radio- oder Fernsehanschluss. Eine besondere Rolle spielte in dieser Zeit daher das Kino, welches in jeder größeren Kommune vorhanden war und ebenfalls zum Transport der ideologischen Botschaften der Führung instrumentalisiert wurde (Hediger 2007: 302).

In den Jahren nach der verheerenden Kulturrevolution und dem Tod Maos begann die neue Führung unter Deng Xiaoping ab 1978 die Medien zu nutzen, um ihren Reformkurs zu propagieren. Desillusioniert nach Jahren der Instabilität und der ideologischen Indoktrination waren die Chinesen sehr skeptisch gegenüber der staatlichen Propaganda geworden (Grant 2001). Dies zwang die staatlichen Massenmedien zu größerer Professionalisierung und besserer Informationsaufbereitung und -darbietung, um ihr Publikum zurück zu gewinnen. Im liberaleren Klima der beginnenden Reformperiode unter Deng entstand Mitte November 1978 auch die so genannte *Democracy Wall,* eine typisch chinesische Ausdrucksform öffentlicher politischer Kommunikation. Auf der Pekinger *Chang'an*-Straße begannen die Bürger öffentlich Plakate zu kleben, anfangs, um private Beschwerden auszudrücken, und zunehmend auch, um politischen Protest an Maos Führung und seinen Erblasten zu äußern. Die Führung ließ dies mehr oder weniger ungehindert geschehen, da sich die Kritik vor allem gegen ihre innerparteilichen Konkurrenten richtete, erließ aber nach und nach neue Vorschriften über Inhalt und Form der erlaubten Kritik, bis sie dem kleinen Fenster geduldeter öffentlicher Kritik angesichts der ausufernden Meinungsäußerungen im Herbst 1981 schließlich ganz einen Riegel vorschob (Paltemaa 2007).

Mit der neuen Verfassung von 1982 wurde das Recht auf Eigentum, Religionsfreiheit, allgemeines Stimm- und Wahlrecht sowie das Recht auf freie Meinungsäußerung und Pressefreiheit festgeschrieben (Hediger 2007: 301) Im Rückblick viel bedeutender als die neuen zahnlosen Verfassungsregelungen, sollten sich für die chinesischen Massenmedien die Bestimmungen zur Zulassung von Werbung in der Presse und Fernsehen ab 1979 entpuppen. Sie führten zum sukzessiven Rückzug des Staates aus der Finanzierung der Medien und damit zur Kommerzialisierung der Medienlandschaft und dem Zwang zur Anpassung an den Wettbewerb und an die Logiken des Medienmarktes. Diese Entwicklung brachte die chinesischen Massenmedien - insbesondere die parteinahen Verlage - zunehmend in den schwierigen Spagat zwischen Selbstfinanzierung auf der einen Seite und weiter bestehender staatlicher Kontrolle und propagandistischer Instrumentalisierung auf der anderen (Fischer 2009: 181f.). Die seit den 1980er Jahren ebenfalls kontinuierlich wachsende Zahl an Boulevardmagazinen begannen sich im Kampf um die Verkaufszahlen leser- und absatzorientiert auf Skandalgeschichten zu konzentrieren, was immer wieder zu Konflikten mit Autoritäten führte, sich aber auch als sehr profitabel erweisen sollte. 2003 entschied die chinesische Führung schließlich den kompletten Rückzug des Staates aus der Finanzierung der Medien, abgesehen von einigen wichtigen Parteiorganen. Durch diese Entscheidung nahm die Partei auch die Möglichkeit der Insolvenz von Medienunternehmen in Kauf, die sich nicht am Markt behaupten konnten.

Seit 1978 hat sich die Zahl der chinesischen Zeitungen und Magazine in etwa verzehnfacht und sich verschiedene Formate herausgebildet, die ihr Angebot im Gleichschritt mit der Ausdifferenzierung der chinesischen Gesellschaft weiterentwickeln und unterschiedliche Zielgruppen ansprechen. Diese Entwicklung betraf auch die staatlichen TV- und Radiostationen, die nicht nur auf nationaler, sondern auch auf Provinzebene und in den größeren Städten mit der Gründung zusätzlicher Spartenkanäle begannen. Die Partei versuchte ab Mitte der 1990er Jahre der zunehmenden Atomisierung der Medienlandschaft zu begegnen, indem die Bildung einiger größerer Medienkonglomerate durchgesetzt wurde (Chan 2008; Brendebach 2005: 30ff.).

4.2.2 Das chinesische Mediensystem heute:

Die chinesischen Massenmedien – und vor allem das Leitmedium Staatsfernsehen - werden immer noch fest von der KPCh kontrolliert. Die Liberalisierungen in den 1990er Jahren betrafen vor allem die Vertriebswege und die Werbung, aber nicht den redaktionellen Inhalt (Fischer 2009; Hediger 2007). Heute stellt sich das Problem, dass die chinesischen Massenmedien dem „Paradox von Verkaufs- und Kontrolllogik" (Wacker 2003) unterliegen. Auf der einen Seite stellen sie nach wie vor formal staatliche Institutionen dar und werden durch die Führung propagandistisch instrumentalisiert, auf der anderen Seite müssen sie sich nach den Regeln des Medienmarktes richten und ihre Inhalte kundenorientiert gestalten und verkaufen können.

Insbesondere Boulevardmagazine und Zeitungen, die nicht direkt den Parteikomitees unterstehen, haben sich durch kritische Berichterstattung, z.B. durch die Aufdeckung von Korruptionsfällen oder Umweltskandalen eine bedeutende Stellung in der chinesischen Medienlandschaft erarbeiten können. Dabei genießen sie auch oftmals die Rückendeckung der nationalen Führung, welche im Zuge ihrer Anti- Korruptionskampagnen den lokalen Medien gestattet hat über Korruption und Willkür einzelner Kader zu berichten. Auf lokaler Ebene droht den Journalisten daher weniger Gefahr durch die KPCh oder die Sicherheitsbehörden, sondern sehr viel mehr durch lokale Kader, die durch negative Berichterstattung ihre Stellung und Karrierechancen bedroht sehen.

Inzwischen existieren in den chinesischen Massenmedien einige Schlupflöcher, die es den Redakteuren erlauben sich von der offiziellen Linie zu entfernen, bzw. die Grenzen auszutesten (Brendebach 2005). Zum einen gibt es keine Vorzensur mehr, zum anderen existieren in Hinsicht auf die Durchsetzung der Zensurvorschriften große Unterschiede zwischen den Regionen. Ein weiterer Punkt ist, dass die genaue Umsetzung politischer Propagandavorgaben – wie viele Dinge in China – auch hier abhängig von den persönlichen Beziehungen zwischen den verantwortlichen Parteikadern und den Medienvertretern ist. Immer wichtiger wird auch, dass sich die Medienkonzerne inzwischen zu bedeutenden Steuerzahlern entwickelt haben und mit finanzieller Selbstständigkeit auch zunehmend selbstbewusster auftreten können. Dies hat die weitere Auswirkung, dass fähige Journalisten nach dem Entzug der Lizenz des Verlages oder im Falle einer politisch motivierten Entlassung ungleich mehr Möglichkeiten haben, eine neue Anstellung zu bekommen.

Aber trotz der neuen Freiheiten und Grauzonen in den Zensurbestimmungen werden auch weiterhin keine Kritik an der nationalen Führung, bzw. dem Führungsanspruch der KPCh geduldet. Ebenso wenig sind Vorstöße gegen bestimmte Tabuthemen, wie die territoriale Integrität Chinas erwünscht.. Das Themenspektrum der öffentlichen Diskussion ist daher immer noch limitiert, aber die Leserschaft fordert zunehmend mehr Kritik und Diskussion, was über den Umweg der Marktkräfte auch die Redakteure dazu zwingt darauf einzugehen (vgl. Brendebach 2005: 42f.).

Auch wenn die Medienlandschaft in China alles andere als frei bezeichnet werden kann (RSF 2008; Freedomhouse 2008, WAN 2008), hat sich durch die Explosion des Medienangebots und das Entstehen einiger kritischer und investigativer Medien eine sehr vielfältige Medienlandschaft herausbilden können. Aus dieser Perspektive betrachtet, hat die chinesische Bevölkerung noch nie in einer so freien Gesellschaft gelebt.

Jede größere Stadt des Landes hat eine eigene Zeitung die vom lokalen Zweig der KPCh herausgegeben wird, sowie oft auch noch eine Zeitung unter der Kontrolle der lokalen Regierung und zahlreiche Magazine und Boulevardzeitungen. Das wichtigste Printmedium ist aber immer noch die Parteizeitung *Renmin Ribao*, die zusammen mit der *Xinhua*-Nachrichtenagentur die Meinungsführer bei heiklen politischen Themen darstellen. Journalisten und Redakteure anderer Printmedien werden dazu angehalten, im Zweifelsfall zuerst auf die „offizielle" Berichterstattung dieser beiden Medien zu warten, bevor sie selbst etwas dazu veröffentlichen. National weiterhin einflussreich sind auch die Zeitung der kommunistischen Jugendorganisation (*China Youth Daily*) und die Zeitung der Volksbefreiungsarmee (Fischer 2009).

Die Hauptaufgabe der staatlichen Nachrichtenagentur Xinhua ist zum einen die Verarbeitung von Auslandsnachrichten und deren Verbreitung an die chinesischen Medien, und zum anderen die propagandistische Außendarstellung der chinesischen Politik durch den englischsprachigen Nachrichtenservice, dessen wesentliche Aufgabe laut Holbig (2007: 2) „*in der Antizipation und Befriedigung westlicher Erwartungen an die chinesische Politik*" besteht.

Das staatliche Fernsehen CCTV wird durch die KPCh immer noch besonders strikt kontrolliert, auch wenn sich die Fernsehlandschaft zunehmend in Spartenkanäle und regionale sowie lokale Anstalten ausdifferenziert hat und insbesondere in den Großstädten wirtschaftlich hart umkämpft wird. Die Hauptnachrichten des CCTV stellen nach wie vor eine beliebte Informationsquelle dar und müssen von den regionalen und lokalen Sendern übernommen werden. Sie sind daher mit mehr als einer Milliarde potentieller Zuschauer als sehr einflussreich einzuschätzen (Hediger 2007; Chen 2007). Insgesamt bietet das staatliche

Zentralfernsehen zusammen mit all seinen Spartenkanälen sowie den verschiedenen Provinz- und Kommunalanstalten insgesamt fast 2100 Fernsehkanäle an.

Die Rolle ausländischer Medienkonzerne in China ist sehr spannungsgeladen: Einerseits versuchen sie einen Fuß in den enormen Markt des riesigen Landes zu bekommen, andererseits riskieren sie heftige Kritik in ihren westlichen Herkunftsländern, wenn sie sich den Zensurvorschriften der chinesischen Führung beugen. Der Marktzugang für Ausländer bleibt außerdem weiterhin blockiert durch starke Eintrittshürden (Hediger 2007), da Peking versucht, die freie Zirkulation ausländischer Nachrichten in der VRC zu blockieren. Dazu wurden strikte Begrenzung und eine Vorzensur ausländischer Medieninhalte eingeführt. Der Empfang terrestrischen und satellitengestützten Rundfunks wird durch die Störung von Rundfunksignalen bzw. die Lizenzierung von Satelliten- Empfangsanlagen eingedämmt sowie der Verkauf ausländischer Zeitungen im Land eingeschränkt. In den letzten Jahren konnten einige ausgewählte Anbieter, u.a. AOL Time Warner, Rupert Murdochs News Corp und das Hongkonger Phoenix TV, allerdings in der südöstlichen Nachbarprovinz von Hongkong, Guangdong, eine Genehmigung zur Übertragung ihrer Angebote via Kabel erhalten. Dafür wurden den – vorwiegend amerikanischen Anbietern – etliche inhaltliche Vorschriften gemacht und sie mussten sich im Gegenzug dazu verpflichten, die staatlichen, englischsprachigen Propagandakanäle CCTV-9 und CRI per Satellit in die USA und Großbritannien zu übertragen (NYT 26.06.2007).

Die chinesische Führung gibt an, dass sie nur ausländische Medienangebote zulassen würde, die nicht die nationale Sicherheit oder politische Stabilität gefährden würden. Auch die regionalen und kommunalen Anstalten müssen vor der Ausstrahlung ausländischer Angebote die Zustimmung der zuständigen Zensurbehörden einholen.

4.2.3 Medienpolitik in der Volksrepublik China

Die direkte Regulierung der Medien geschieht durch ein ausgeklügeltes System von direkter Überwachung durch Parteifunktionäre in den Redaktionen bzw. von der Partei eingesetzten Verlagschefs, strikten Lizenz- und Veröffentlichungsmechanismen, einer Reihe von Meinungsführenden Medien unter direkter Kontrolle der Propagandaabteilung des Zentralrats der KPCh und einer Reihe von Zensurbestimmungen, u.a. allseits bekannten Tabuthemen und wöchentlich bzw. manchmal sogar täglich aktualisierter Richtlinien zur Berichterstattung über aktuelle Themen (Egan 2006; Scharping 2007; HRiC 2008). Im Falle von Berichten über die politische Führung, offizielle Ernennungen oder internationale Themen wie Nordkorea, gilt die allgemeine Anweisung, zuerst auf die Berichte der *Xinhua* zu warten. Absolut verboten sind dagegen Berichte, welche die „nationale Einheit" gefährden, das Machtmonopol der KPCh in Frage stellen, oder die verschiedenen Volksgruppen Chinas gegeneinander „aufhetzen" könnten (RSF 2008; Fischer 2001).

Heilmann (2004: 42ff.) unterscheidet im Falle Chinas zwischen einem Normal- und einem Krisenmodus der Entscheidungsfindung durch die politische Führung. Dieser kann auch auf den medialen Kontext angewendet werden. Während des Normalmodus, des „politischen Alltagsgeschäfts", beschränkt sich die Zensur der Medien durch die chinesische Führung auf ein Minimum und nur die Verletzung der Tabuthemen wird streng geahndet, während die öffentliche Diskussion über eine breite Palette von Themen weitestgehend frei und vital geführt werden kann. Dies beinhaltet auch Probleme, welche noch vor einigen Jahren absolut tabu waren, aber inzwischen weitestgehend frei in den chinesischen Massenmedien und der interpersonalen Kommunikation debattiert werden können, u. a. die Rolle von Homosexualität in der chinesischen Gesellschaft oder die Ausbreitung von HIV/ AIDS. Der „Krisenmodus" tritt dann ein, wenn besondere Umstände die Stabilität der VRC bzw. die Kontrolle durch die KPCh zu gefährden drohen, insbesondere im Fall der garantierten massenmdialen Berichterstattung, wie z.B. im Vorfeld von Nationalkongressen, in nationalen Notlagen wie dem Erdbeben von Sichuan 2008 oder Großereignissen wie den olympischen Sommerspielen in Peking (RSF 2008)

Die chinesische Führung scheint ihre Lehren aus dem Zusammenbruch der UdSSR und den Regimen Osteuropas, sowie aus den eigenen Fehlern der Vergangenheit gezogen zu haben (Wilson 2007). Ein Katalysator der Ereignisse, die schließlich zu den blutig niedergeschlagenen Tiananmen- Unruhen von 1989 führten, war die im Vorfeld gespalten erschienene Führung. Die Auseinandersetzung der beiden Lager innerhalb der KPCh, bzw. die uneindeutige Linie der chinesischen Führung in diesen Tagen fand ihren Widerhall auch in den staatlichen Medien und führte, so die wahrscheinliche Schlussfolgerung, zu einer massiven Zunahme politischer Partizipation in der Bevölkerung.

Heute teilen sich in China mehrere Behörden die Aufsicht über die Massenmedien. Die Presse wird vor allem durch die *General Administration for Press and Publications* (GAPP) kontrolliert (Fischer 2001). Diese Behörde genehmigt Neugründungen und verfasst die rechtlichen Bestimmungen für die gesamte Zeitungsbranche. Die strategisch-ideologische Ausrichtung der Berichterstattung in den Medien, sowie die Ausbildung der Führungskader in den Redaktionen übernimmt die Propagandaabteilung des Zentralrats der KPCh (Heilmann 2004: 217- 222).

Laut RSF (2008) gibt es drei Abstufungen der Zensur: Erstens Themen, über die gar keine Berichte erlaubt sind, Zweitens Themen, über die nicht recherchiert werden darf, aber Artikel der *Xinhua* oder *Renmin Ribao* übernommen werden dürfen, und drittens Themen, über die rehcherchiert und eigene Artikel geschrieben werden dürfen, jedoch keine Kritik oder negative Darstellung erlaubt ist.

Die Vorschriften für die Fernsehsender sind sogar noch strikter. Laut einem Experten haben chinesische Rundfunkjournalisten jeden Tag eine aktualisierte Liste von verbotenen Themen bzw. grobe Richtlinien für die Berichterstattung über andere Themen auf ihren Computern. Die Aufsicht über den Rundfunk hat die *State Administration of Radio, Film, and Television* (SARFT), eine Abteilung des Staatsrats der VRC. Die Hauptfunktion der Behörde besteht in der Verwaltung und Aufsicht der staatlichen Unternehmen im Rundfunk- und Filmproduktionssektor. Die staatlichen Unternehmen auf nationaler Ebene, CCTV und China National Radio, werden direkt von ihr kontrolliert. Die Behörde ist auch für die Zensur von Medienangeboten zuständig.

Der offene Verstoß gegen die Zensurvorschriften kann durch unterschiedliche Maßnahmen bestraft werden. Beliebt ist die gerichtliche Anklage des Journalisten oder Redakteurs wegen allgemeiner Gesetzesverstöße, z.B. Korruption, das Aufhetzen der Bevölkerung, staatszersetzende Tätigkeiten, Spionage etc. (Scharping 2007). Subtilere Methoden umfassen die Entlassung des Journalisten oder die Versetzung in eine andere Abteilung. Insbesondere in den autonomen Regionen ist die Berichterstattung mit vielen Risiken verbunden, da die Geheimpolizei und lokale Kader „unruhestiftende" Berichte unterbinden wollen. Auch die Recherche über Korruption oder Vetternwirtschaft kann für den Journalisten sehr gefährlich sein, wenn der angegriffene Kader Schlägertrupps beauftragt.

Ausländische Journalisten in China kämpfen mit ähnlichen Problemen, auch wenn sie indirekter gefährdet sind als ihre chinesischen Kollegen. Im Zuge der Olympiavorbereitungen in Peking 2008 wurde von der chinesischen Führung das Versprechen gegeben, dass es dauerhaft zu einer Liberalisierung der Pressegesetzte in China kommen könnte (vgl. RSF 2008: 3). Die gelockerten Regeln umfassten den Wegfall der Genehmigungspflicht für Interviews mit chinesischen Bürgern und eine Erweiterung der Reisefreiheit für ausländische Journalisten. Die neuen Regularien wurden nach den olympischen Spielen beibehalten, erweisen sich jedoch oftmals als zahnlos, wenn lokale Kader oder Sicherheitsbehörden vorgeben sie nicht zu kennen oder einfach ignorieren und die Berichterstattung unterbinden.

Das Misstrauen gegen ausländische Medien ist aber nicht nur auf Paranoia innerhalb der KPCh zurückzuführen. Viele Chinesen sehen in den ausländischen Nachrichtensendern Sprachrohre der westlichen Regierungen, welche das Land an seinem Aufstieg und Modernisierungserfolg hindern wollen (Wacker 2008a). In der jüngsten Tibet- Krise 2008 führte die verfälschte Berichterstattung westlicher Medien dann auch zu heftigen Protesten, insbesondere im chinesischen Internet und zu einem weiteren Vertrauensverlust.

Insgesamt gesehen ist in China kein linearer Prozess der Zunahme von Medienfreiheiten zu beobachten. Die Führung verschärft oder lockert die Medien vielmehr ganz im Sinne des aktuellen politischen Tagesgeschehens. Wenn z.B. eine neue Anti- Korruptionskampagne gestartet wird, dürfen die Medien offen darüber berichten, aber wenn die negative Berichterstattung Überhand zu nehmen scheint, werden die Zügel sehr schnell wieder angezogen. Trotzdem scheint die Partei - ähnlich wie bei der wirtschaftlichen Entwicklung (Heilmann 2008) - Experimente ihrer lokalen und regionalen Parteikomitees zu dulden. Dadurch erklären sich auch die manchmal sehr unterschiedlich ausgeprägten Zensurbestimmungen zwischen den Regionen.

5. Ausbreitung und Etablierung moderner Informations- und Kommunikationstechnologien in der Volksrepublik China

5.1 Statistische Grundlagen

Bei der Nutzung statistischer Daten eines autoritären Regimes wie der Volksrepublik China, muss man eine mögliche Manipulation der Statistiken aus politischen Motiven berücksichtigen. Dafür gibt es verschiedene Gründe. Zum einen können die Statistiken absichtlich verbessert worden sein, da die chinesische Führung bemüht ist, sich als fortschrittliches Land zu präsentieren und um Investitionen anzuziehen. Andererseits ist es auch möglich, dass Informationen unterdrückt werden, die das Image Chinas schädigen könnten, z.B. bei Angaben über die Umweltverschmutzung oder dem Ausmaß lokaler Unruhen.

Die Befragten Experten gaben aber auch noch andere Gründe für die fehlerhaften Statistiken zu Bedenken: Die VRC ist trotz aller Fortschritte in vielen Regionen immer noch auf dem Niveau von Entwicklungsländern und auch die nationalen und regionalen Statistikämter haben erst seit verhältnismäßig kurzer Zeit Erfahrungen bei der Erhebung und Auswertung von Wirtschafts- und Sozialstatistiken nach internationalen Standards. Viele Fehler sind daher auch auf die Unerfahrenheit bzw. der laufenden Anpassungsleistungen der beteiligten Wissenschaftler zurückzuführen. Ein anderer Grund der geäußert wurde, sind die fehlerhaften oder manipulierten Angaben, welche lokale Kader an die übergeordneten Ämter weitergeben. Aus Angst ihre Aufstiegschancen zu gefährden oder Bestrafung zu riskieren, würden viele lokale und regionale Ämter die Daten manipulieren, insbesondere bei politisch sensiblen Themen wie Umweltschutz oder Korruption. Die nationalen Statistikämter haben nicht die Ressourcen, um diese Manipulationen aufzudecken, auch wenn es immer öfter geschieht und Statistiken dann im Nachhinein geändert werden.

Einig waren sich die befragten Experten darin, dass die Daten, auch jene zur Internet-Nutzung, in den letzten Jahren im Allgemeinen zuverlässiger geworden sind und zumindest die groben Tendenzen stimmen sollten. Das größte Hindernis ist, dass statistische Daten über die Ausbreitung und Nutzung der IKT- Technologien nur aus staatlich kontrollierten Quellen erhältlich sind und eigene Erhebungen ausländischer Institutionen von der chinesischen Führung nicht gestattet werden (Katsuno 2005).

Die jährlichen Erhebungen über die Ausbreitung der IKT- Technologien, wie die Anzahl der Festnetzanschlüsse und Mobiltelefone pro Einwohner, Breitbandverbindungen oder regionale Verteilung von Internetanschlüssen (vgl. ITU 2007, Katsuno 2005, Giese 2005), stammen vom *National Bureau of Statistics of China* und vom *Ministry of Information Industry* (MII), auf welche sich auch die internationalen Organisationen wie Weltbank und UNO stützen.

Die einzigen erhältlichen Informationen über das Nutzungsverhalten der Chinesen im Internet liefert das *China Internet Network Information Center* (CNNIC). Dessen Erhebungen haben allerdings erhebliche methodische Schwächen: Die Erhebungszeitpunkte und erfassten Indikatoren verändern sich des Öfteren, manchmal werden Indikatoren einfach umbenannt, erweitert oder einige Male nicht abgefragt, bis sie plötzlich doch wieder in die Statistik aufgenommen werden. Zudem liegt ein starker *bias* auf der Nutzergruppe der Studenten, welche überproportional berücksichtigt werden und die Statistik verzerren. Aber auch hier gilt nach Einschätzung der befragten Experten, dass die allgemeine Tendenz der Umfragen zutreffend ist.

5.1.1 *Ausbreitung der Informations- und Kommunikationstechnologien*

Die Politik der Sonderwirtschaftszonen und die ungleichen Startbedingungen haben in China zu gewaltigen Entwicklungsunterschieden zwischen dem städtischen und ländlichen Gebieten, aber auch zwischen den boomenden Küstenprovinzen im Osten und dem noch weitestgehend landwirtschaftlich geprägten, westlichen Teilen des Landes geführt. Dennoch ist die VRC vor allem im IKT- Bereich nicht mehr als Entwicklungsland zu bezeichnen. Die chinesische Führung ist sich der wirtschaftlichen und entwicklungspolitischen Bedeutung der IKT durchaus bewusst und hat in den letzten Jahren verstärkte Anstrengungen unternommen, um die Infrastruktur des Landes auszubauen (vgl. Tabelle 4). Zudem wurde auch die große Bedeutung der IKT als Wirtschaftsfaktor anerkannt und im Geiste der „Vier Erneuerungen" entsprechend gefördert. Inzwischen hat sich das Land an die Weltspitze im Export von IKT- Produkten, wie PCs, Telefonen usw. hochgearbeitet (OECD Observer 2007). Die exportierten Waren stellen schon längst nicht mehr nur Billigprodukte dar, sondern zunehmend Hightech aus chinesischer Forschung, international vertrieben durch chinesische Konzerne, die schon im eigenen Land über eine gewaltige Kundenbasis verfügen können (Meri 2008). 2003 schickte die VRC als dritte Nation der Welt einen Astronauten ins All und ist in der Lage eigene Satelliten in den Orbit zu transportieren.

Tabelle 4: Übersicht über ausgewählte IKT – Indikatoren in verschiedenen Ländern 2008

	Bundesrepublik Deutschland	Volksrepublik China	USA	Republik Korea
Bevölkerung	0.0825 Mrd.	1,336 Mrd.	0.309 Mrd.	0.048 Mrd.
BIP pro Kopf (in US$)*	35.225	2.096	43.832	18.507
Festnetzanschlüsse pro 100 Einwohner	65.07	44.90	53.35	65.50
Mobiltelefonanschlüsse pro 100 Einwohner	117.62	69.00	85.76	90.20
Computer pro 100 Einwohner	65.28	5.60	79.89	54.44
Internetnutzer pro 100 Einwohner	72.00	22.15	72.50	76.30
Breitband- Internetanschlüsse pro 100 Einwohner	23.73	5.69	24.90	30.50
Internationale Internetbandbreite (in Mbps)[25]	566,056 Mbps	136,106 Mbps	970,953.5	497,66 Mbps
Radioempfangsgeräte pro 100 Einwohner	55.86	33.56	207.87	105.37
Fernsehempfangsgeräte pro 100 Einwohner	67.45	37.99	87.64	42.39
Mobilfunknetzabdeckung (in % der Bevölkerung)	100.00	97.00	99.80	89.77

Quellen: International Telecommunication Union - *ICT Eye Report 2008*; Worldbank – World Development Indicators 2008
* Angaben von 2007

Insbesondere im Telekommunikationsbereich hat die VRC große Fortschritte gemacht. Die Zahl der Festnetz- und Mobilfunkanschlüsse wächst jährlich an, wobei sich Verbreitung des Mobilfunks rasant entwickelt hat und schon fast den Stand von Industrienationen erreicht.

---

[25] Die Internationale Internetbandbreite beschreibt die zusammengefasste Kapazität internationaler Verbindungen zwischen Ländern zur Übertragung der Internetdatenströme. Je höher die Rate, desto größer ist die internationale Verbindungskapazität des Landes. Die chinesische Internetbandbreite wächst jährlich mit Raten von über 40% (vgl. CNNIC 2007b: 28f.)

Abbildung 2: Telefonanschlüsse in der VRC 2003- 2007

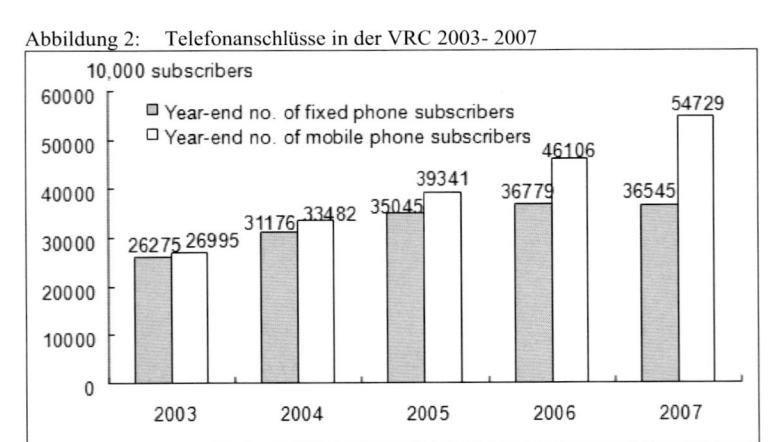

10,000 subscribers	2003	2004	2005	2006	2007
Year-end no. of fixed phone subscribers	26275	31176	35045	36779	36545
Year-end no. of mobile phone subscribers	26995	33482	39341	46106	54729

Quelle: National Bureau of Statistics of China 2008

Eine Neuerung in China – und in Asien im Allgemeinen – ist die rasante Ausbreitung mobiler Zugriffsmöglichkeiten auf das Internet (ITU 2008b). Fast 30% der Internetnutzer in China gehen schon per Mobiltelefon online (vgl. CNNIC 2008: 18), unter anderem auch deshalb, weil diese im Vergleich zu den herkömmlichen Zugangsmedien wie Desktop- PC oder Laptop viel preiswerter sind.

Laut der amtlichen Erhebungen soll China mit 253 Millionen Internetnutzern 2008 die USA als das Land mit den meisten Nutzern abgelöst haben (CNNIC 2008a: 10f.). Auch wenn man die fehlenden Zahlen über die Häufigkeit und Dauer der gezählten Internetnutzung außer acht lässt und auch, wenn die pro-Kopf- Rate der Internetnutzung noch immer wesentlich niedriger liegt als in den westlichen Industrieländern, so ist doch der enorme Anstieg der Nutzerzahlen in China bemerkenswert (vgl Abbildung 3).

Abbildung 3: Entwicklung der Internetnutzung in China

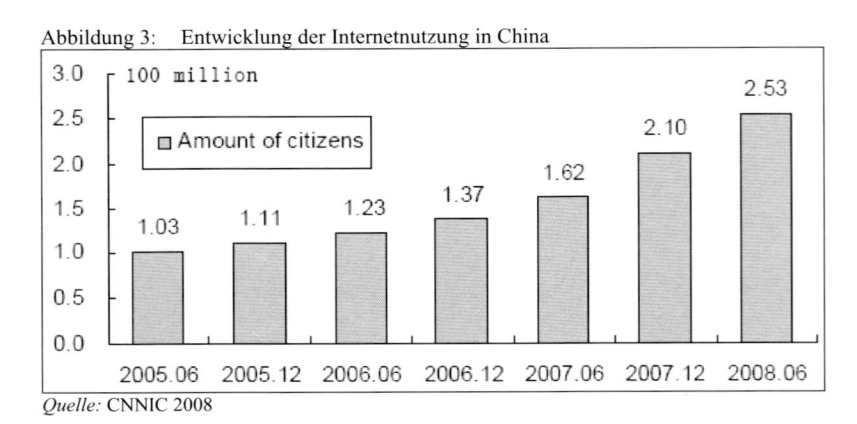

100 million / Amount of citizens	2005.06	2005.12	2006.06	2006.12	2007.06	2007.12	2008.06
	1.03	1.11	1.23	1.37	1.62	2.10	2.53

Quelle: CNNIC 2008

Auffallend ist dagegen das drastische Entwicklungsgefälle, einerseits zwischen den Städten und dem ländlichen Raum, andererseits zwischen den Regionen (vgl. CNNIC 2008b: 11- 15). Das Internet wird am meisten in den wirtschaftlichen Zentren - insbesondere den Metropolen an der Ostküste - genutzt, wo zum einen die Infrastruktur ausgebaut ist und zum anderen auch die neue Mittelschicht das Internet als neues Informations- und Kommunikationsmedium angenommen und in den Alltag integriert hat.

Aber auch in den Städten kann sich nicht jeder Chinese einen eigenen Computer bzw. Internetzugang leisten. Daher sind Internet-Cafés in China sehr verbreitet und stellen einen wichtigen Zugangspunkt zur alltäglichen Computer- und Internetnutzung dar (Abbildung 4). Diese Cafés unterliegen daher auch einer besonders strikten Überwachung durch die chinesischen Behörden. Nutzer eines Internetzugangs in einem solchen Café müssen sich durch Vorlage eines Ausweises registrieren und können während der Nutzungsdauer überwacht werden, wobei auch das Surfverhalten aufgezeichnet werden kann (vgl. Kapitel 5.4). Die Regularien können aber zwischen den verschiedenen Regionen und Städten stark variieren und ihr Umfang und die Angemessenheit sind auch in China durchaus Gegenstand der öffentlichen Debatte. Der Anteil der Internetnutzung in Internet-Cafés ist dabei in den ländlichen Gebieten noch wesentlich höher als in den Städten, was aufgrund des Einkommensunterschiede und der infrastrukturellen Entwicklungen nicht überraschen kann.

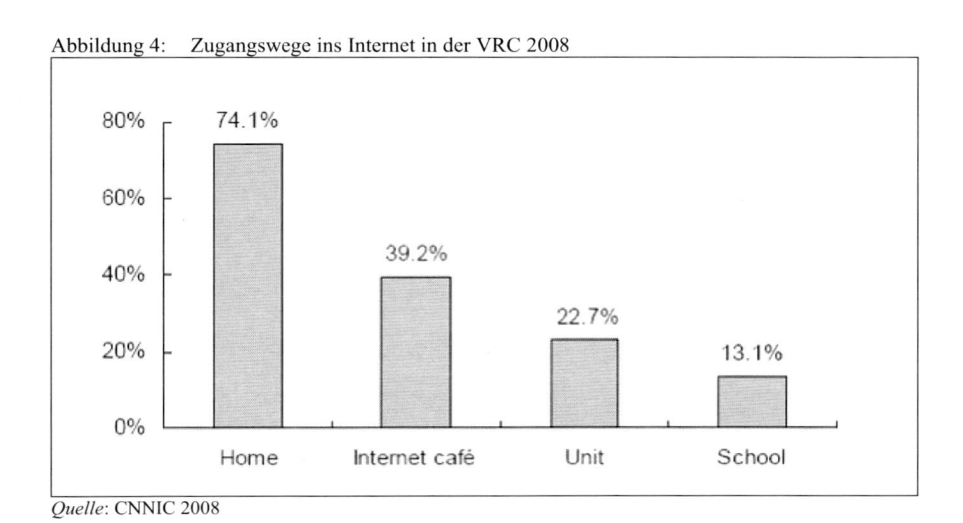

Abbildung 4: Zugangswege ins Internet in der VRC 2008

	Home	Internet café	Unit	School
	74.1%	39.2%	22.7%	13.1%

Quelle: CNNIC 2008

5.1.2 Nutzungsverhalten:

Der Rundfunk spielt nach wie vor die bedeutendste Rolle als Informationsquelle in der Volksrepublik (Hediger 2007), die KPCh behält jedoch die eiserne Kontrolle über die Inhalte der staatlichen Fernseh- und Radioangebote und unterbindet gleichzeitig weitestgehend die Verbreitung alternativer Angebote, z.B. durch die Störung von terrestrischen Rundfunksignalen und das Verbot, bzw. die Lizenzierung von Satellitenempfangsanlagen.

Wie auch in Südostasien ist die Bedeutung des Mobilfunks in China sehr stark ausgeprägt und mit der Weiterentwicklung der Mobilfunktechnologie bedeutet dies auch erweiterte Zugangsmöglichkeiten zum mobilen Internet. Erste Schritte in diese Richtung deuten sich durch die intensive Nutzung von *Mobile Instant Messaging* (MIM) an, welches die Sendung von kostenpflichtigen SMS langsam ablösen, dafür aber eine drahtlose Internetverbindung mit dem Mobiltelefon voraussetzen (vgl. TNS Infratest 2008 : 17). Auch die immer populärer werdenden mobilen Internetdienste, wie *Zuosa, Fanfou*, und die vielen anderen chinesischen Ableger der *Micro- Blogging-* Plattform *Twitter* verdeutlichen die Tendenz.

Der typische chinesische Internetnutzer ist, ähnlich der Entwicklung in den westlichen Industrienationen, höher gebildet, jung und kommt vor allem aus der neuen Mittelschicht in den Städten (vgl CNNIC 2008: 11- 15). Besonders Studenten machen einen großen Anteil der Internetnutzer aus. Es sind im Allgemeinen mehr Männer (57.2%) die das Internet nutzen, aber die Kluft zwischen den Geschlechtern verringert sich zusehends.

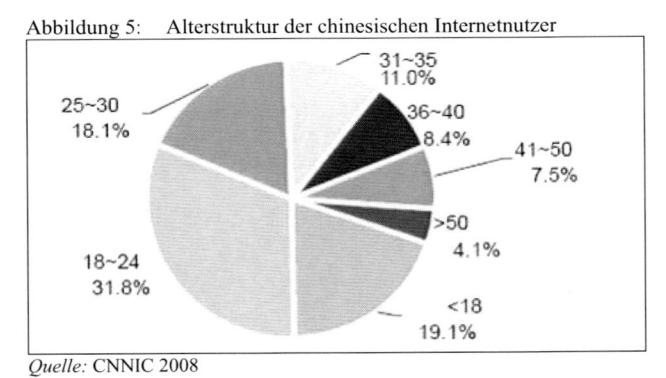

Abbildung 5:   Alterstruktur der chinesischen Internetnutzer

Quelle: CNNIC 2008

Auch vom Bildungsgrad und der Einkommensstruktur her gibt es viele Ähnlichkeiten zwischen China und den westlichen Industrienationen.

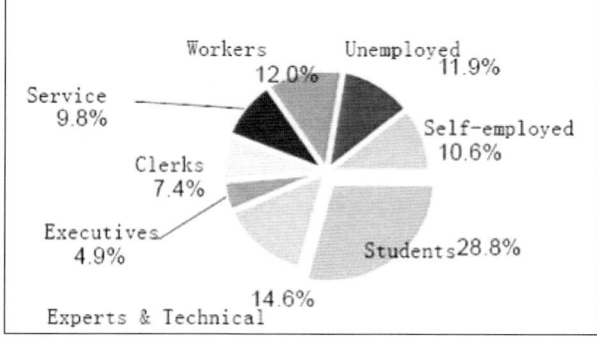

Abbildung 6: Beschäftigungsverhältnis der Internetnutzer

```
                Workers      Unemployed
                 12.0%          11.9%
   Service
    9.8%
                                   Self-employed
                                       10.6%
            Clerks
             7.4%

   Executives
      4.9%                      Students 28.8%

                      14.6%
      Experts & Technical
```

Quelle: CNNIC 2008

Das Internet hat in China in den letzten Jahren eine ähnliche Entwicklung durchlaufen wie auch in der westlichen Welt. Die Nutzung verlagerte sich von reinen Informations- und Kommunikationsdiensten hin zur Verwendung vielfältiger Web 2.0- Applikationen (vgl. Tabelle 5).

Besonders beliebt geworden sind die Rezeption von Online- Musik und Online– Videos sowie die Teilnahme an Online- Spielen. Eine im Westen oft beachtete Entwicklung stellt die zunehmende Beliebtheit von Weblogs und Diskussionsforen/ BBS dar. Im Bereich der interpersonalen Kommunikation ist zudem die rege Nutzung von *Instant Messanger- Programmen* augenfällig. Deren Nutzung hat sich in zwei Jahren fast verdoppelt, was vor allem auf die Verwendung von kostenlosen MIM durch mobile Internetzugriffe zurückzuführen ist (TNS- Infratest 2008).

Eine Besonderheit des Internet in der VRC ist auch, dass es die bisherige Dominanz der englischen Sprache durch die vielfältigen Internetangebote im chinesischsprachigen Raum relativiert. Für fast alle bekannten Online- Marktführer in den westlichen Industrienationen, z.B. Google, Ebay, Amazon usw., existiert in China – nicht zuletzt Dank der regulativen Wirtschaftspolitik der Regierung – ein einheimisches Pendant. Die in China beliebtesten Suchmaschinen sind z.B. noch vor der chinesischen *Google*-Version, die Dienste *Baidu* und *Sina* (vgl. Tabelle 6), das Internet- Auktionshaus *Ebay* rangiert in China weit hinter dem eigenen Dienst *Taobao* und der beliebteste *Instant Messenger* QQ ist eine chinesische Eigenentwicklung.

Tabelle 5: Meistgenutzte Internetdienste in der VRC (in Prozent)

Kommunikationsverhalten	Dez. 2000	Dez. 2002	Dez. 2004	Juli 2006	Jan. 2007	Juli 2007	Juli 2008
Information							
Online Radio/ Music	-	-	-	35.1	34.4	68.5	84.5
Online- Nachrichten lesen	-	-	62.0	66.3	53.5	77.3	81.5
Video on demand/ Live broadcast**	-.	5.6 / 3.6	3.9 / 2.2	37.3	36.3	61.1	71.0
Suchmaschinen	66.8	68.3	65.0	66.3	51.5	74.8	69.2
Newsgroup	19.3	21.3	k.A.	k.A.	k.A.	k.A.	k.A.
Informationen suchen	44.7	42.2	49.9	39.5	41.0	k.A.	k.A.
e- Magazine/ e- Journal lesen	-	9.5	7.3	16.5	17.1	k.A.	k.A.
Kommunikation (one-to-one; one-to-many)							
Instand Message	-	-	-	42.7	34.5	69.8	77.2
eMail	95.1	92.6	85.6	64.2	56.1	55.4	62.6
VoIP	-	1.0	1.0	7.9	11.2	k.A.	k.A.
Kurznachrichten schicken (SMS, MMS, MIM)	-	8.8	2.3	9.7	9.7	k.A.	k.A.
Kommunikation (one-to-many; many-to-many)							
Having Blog / Personal Space	8.4	6.8	4.9	23.7 / 24.3	25.3/ 20.3	k.A.	42.3
Upgrading Blog / Personal Space	-	-	-	-	-	19.1	28.0
BBS Community/ Forum/ discussion groups	16.7	18.9	20.8	43.2	36.9	k.A.	38.8
Online- chatting room	37.5	45.4	42.6	19.9	20.8	k.A.	k.A.
Schule/ Klassenkameraden- BBS	-	-	14.8	26.0	25.6	k.A.	k.A.
Sonstiges							
On- line Games	18.9	18.1	15.9	31.8	26.6	47.0	58.3
e- government (Beschwerden, Information, etc.)	-	1.9	2.0	5.4	7.7	25.4*	k.A.

* Angabe vom Januar 2008; ** Ab 2006 erhoben als: Online- TV/ Video; Anm.: Mehrfachnennungen möglich
Quellen: zusammengestellt nach CNNIC- *Statistical Survey Report on the Internet Development in China* (2000-2008)

Tabelle 6: Die 15 meistbesuchten Internetseiten in der VRC (Januar 2009)

Name:	URL:	Funktion:
Baidu	http://www.baidu.com/	Suchmaschine für Webseiten, Audio- und Videodateien und Bilder
QQ	http://www.qq.com/	Kostenloses Instant Messaging Programm
Sina.com	http://www.sina.com.cn	Web- Portal, inkl. Suchmaschine; Email- und SMS- Provider und Community
Google.cn	http://www.google.cn	Suchmaschine, chinesischsprachig
Taobao	http://taobao.com	Online- Auktionen
163.com	http://news.163.com/	Web- Portal, inkl. Nachrichtendienst
Google.com	http://www.google.com	Suchmaschine, englischsprachig
Yahoo.com	http://www.yahoo.com	Web- Portal
Sohu.com	http://www.sohu.com/	Suchmaschine und Web- Portal, inkl. Community
Youku	http://www.youku.com/	Video- Sharing- Portal
Soso	http://soso.com	Sucmaschine
Windows Live	http://live.com	Suchmaschine
Kaixin001	http://www.kaixin001.com/	Social Networking - Webseite
Ku6.com	http://ku6.com/	Web- Portal
Sougu	http://www.sogou.com/	Suchmaschine

Quelle: Alexa Internet- Rating 2008

Auch Nachrichtenseiten und Suchmaschinen, sowie *Social Community-* Dienste zur Vernetzung von Gleichgesinnten, wie *MySpace* oder *Facebook* besitzen in China entweder funktionale chinesische Pendants oder mussten ihre chinesischen Tochterfirmen als Preis für den lukrativen Zugang zum chinesischen Massenmarkt den strengen Regularien der Zensurbehörden unterordnen. Dies hatte wiederholt zu Protesten gegen diese Firmen in ihren Heimatländern geführt, bspw. der bekannte Fall der Weitergabe persönlicher Daten eines Bloggers durch *Yahoo* an die chinesischen Behörden, welche schließlich in der Verhaftung und Gefängnisstrafe des Mannes resultierte (vgl. HEISE 18.07.2008).

5.2 Erweiterung der individuellen politischen Kommunikation durch Informations- und Kommunikationstechnologien in der Volksrepublik China

Die letzten Jahrzehnte hat China nicht nur eine rasante wirtschaftliche und wirtschaftliche Transformation vollzogen, sondern in vielen Teilen des Landes auch eine technologische. Die verschiedenen Informations- und Kommunikationstechnologien durchdringen den chinesischen Alltag inzwischen so stark wie sie es auch in den westlichen Industriestaaten geschafft haben. Auch wenn nicht alle Gebiete dieses riesigen Landes gleichermaßen durchdrungen wurden und viele ländliche Gebiete, insbesondere im Westen des Landes, noch Entwicklungsländern ähneln, konnten auch sie nicht völlig unberührt von dieser Entwicklung bleiben. Vor allem der Mobilfunk hat in den Chinesen begeisterte Nutzer gefunden und praktisch alle sozialen Schichten der Gesellschaft durchdringen können (Latham 2007; Fortunati et al. 2008 26f.). Einfache Bedienung, gut ausgebaute Mobilfunk- Infrastruktur sowie zunehmend preiswerter werdenden Tarife haben dazu geführt, dass eine immer größer werdende Rolle im täglichen Leben spielt als das Internet. Dieses konnte sich vor allem als ein beliebtes Informations- und Kommunikationsinstrument der städtischen Mittel- und Oberklasse durchsetzten. Aber auch im Bereich der individuellen politischen Kommunikation haben sich, trotz verstärkter Regulierungsbemühungen durch die Regierung, eine Vielzahl neuer Kanäle für die Chinesen eröffnet.

5.2.1 *Rezeptive politische Kommunikation*

Die Optionen zur rezeptiven Kommunikation politischer Inhalte sind vor allem für die neue Mittelschicht Chinas nahezu explodiert. Zusätzlich zu der ohnehin bemerkenswerten Pluralisierung auf dem Rundfunk- und Pressesektor haben sich auch im Internet unzählige Informationsplattformen herausbilden können. Darunter zählen die Internetauftritte chinesischer Massenmedien und Parteiorgane genauso wie die rasant gestiegene Zahl von Webseiten und Weblogs privater chinesischer Nutzer. Genau wie auch in den westlichen Industrieländern handelt es sich jedoch bei den Informationsangeboten zum überwiegenden Teil um Lifestyle und Unterhaltung (Damm 2004a).

Trotzdem hat sich das Internet besonders bei den jungen Chinesen als die bedeutendste Informationsquelle politischer Informationen entwickeln können (Weber/ Jia 2006: 85), auch wenn der überwiegende Teil von ihnen seine Nachrichten aus den Ablegern der vertrauten staatlichen Nachrichten zu beziehen scheint. In den Anfangsjahren des Internet haben es die staatlichen Medien sehr gut verstanden, das neue Medium für sich zu nutzen. Die Parteizeitung *Renmin Ribao* unterhält bereits seit 1997 eine Online-Ausgabe, und dessen Forum war auch mehrere Jahre lang das Beliebteste zur politischen Diskussion in China. Aber auch die vielen beliebten, investigativen Magazine und Boulevardzeitungen, vor allem auf lokaler Ebene, besitzen oftmals eigene Internet- Ausgaben.

Auffällig ist in diesem Zusammenhang auch die Zunahme der Internetauftritte der gesellschaftlichen Bewegungen im Sozial- und Umweltbereich. Vor allem städtische *Grassrot-* Organisationen verwenden das Internet sehr bewusst und gezielt zur Aufklärung und Selbstdarstellung, auch wenn ihnen dafür nur grundlegende Ressourcen zur Verfügung stehen (Yang, Guobin 2007). Das Internet ist für sie eine „strategische Ressource" (ebd. 128f.), um ihren Bekanntheitsgrad und damit ihre Unterstützerbasis zu erhöhen und damit ihre Existenz im eingeschränkten politischen und massenmedialen System ermöglichen zu können.

Ebenfalls an Bedeutung gewonnen haben die Webangebote ausländischer Akteure, auch wenn die chinesische Führung in diesem Bereich einen sehr modernen Regulierungsapparat aufgebaut haben (vgl. Kapitel 5.4). Dennoch ist der Großteil der weltweiten Internetangebote für Chinesen erreichbar; zumindest die Angebote, die nicht offensichtlich chinakritisch sind bzw. den Machtanspruch der KPCh in Frage stellen. Aufgrund der partiellen Offenheit des chinesischen Internet können auch oft kritische Berichte über China aus dem Ausland in das Land gelangen, bzw. zurück gelangen, und auch im chinesischen Internet sehr schnell zirkulieren, da es oft eine Weile dauert, bevor die Zensoren reagieren können (vgl. RSF 2008). Informationen dieser Art können u.a. Berichte über der chinesischen Bevölkerung selbst unbekannten Dissidenten oder Menschenrechtler sein, wie die Verleihung des Sacharow-Preis durch das EU- Parlament an den AIDS- Aktivisten und Blogger Hu Jia (WP 24.10.2008; WELT 25.10. 2008), Aufrufe chinesischer Intellektueller zu größerer politischer Öffnung (WSJ 12.12.2008) und natürlich die diversen kritischen und auch auf chinesisch publizierten Berichte westlicher NROs über die Lage der Pressefreiheit und Menschenrechte in der VRC.

Die Rezeptionsmöglichkeiten erhöhen sich natürlich erheblich mit steigendem Bildungsgrad, insbesondere das Beherrschen von Fremdsprachen oder Wissen über die Umgehung der staatlichen Zensurmechanismen. Jedoch ist diese Art von höherer Bildung im Wesentlichen auf die ohnehin staatstragenden Mittelschichten beschränkt.

Das Internet spielt in China zunehmend eine Rolle als Informationsquelle für die Journalisten und Redakteure der Massenmedien. Einerseits gibt es Untersuchungen, die darauf hinwiesen, dass viele Zeitungen Artikel aus Weblogs übernehmen und damit für eine ungleich höherer Verbreitung sorgen (Giese/Müller 2007), andererseits hat das Staatsfernsehen inzwischen ein neues Format nach der Art der „Presseschau" entwickelt, indem – natürlich aus offiziellem Blickwinkel – in den Hauptnachrichten eine kurze Zusammenfassung von aktuellen Diskussionen in bekannten Internetforen präsentiert wird, um der Bedeutung des Internet für die junge chinesische Generation Rechnung zu tragen. Ein sehr bekanntes Beispiel für die Bedeutung des Internet als kostengünstige und vielfältige Nachrichtenquelle für die Massenmedien, aber auch für die damit verbundenen Risiken für die chinesische Führung, ist der so genannte „BMW- Vorfall" (Hung 2006: 158ff.).[26] Ein lokaler Zeitungsbericht über den Gerichtsprozess wurde vom populären Internetportals S*ina.com* aufgenommen und führte zu hitzigen Diskussionen in den Foren des Portals, wonach es auch von anderen Zeitungen und

---

[26] Im Oktober 2003 fuhr eine reiche Chinesin in der Stadt Harbin mit in ihrem BMW in eine Menschenmenge und tötete dabei eine Bäuerin und verletzte zahlreiche andere Menschen schwer. Das zuständige Gericht urteilte, dass es sich lediglich um eine „Verkehrsstörung" durch Fahrlässigkeit gehandelt hätte und verurteilte die Frau auf zwei Jahre Gefängnis auf Bewährung (vgl. Hung 2006: 158ff.)

Internetportalen im ganzen Land übernommen wurde. Der Vorfall demonstrierte eindrucksvoll, dass die chinesische Führung die öffentliche Meinung und Debatte nicht mehr so einfach kontrollieren konnte wie früher, zumal es sich augenscheinlich nur um ein unpolitisches Verkehrsdelikt handelte, jedoch sehr wohl die tiefliegenden Probleme der Korruption und staatlichen Willkür in China aufdeckte. Obwohl *Sina.com* nach eigenen Angaben den Grossteil der Einträge nach Aufforderung der Behörden sehr schnell löschen musste (ebd. 162), konnte sich die Information über das Internet mit beeindruckender Geschwindigkeit verbreiten.

Aber nicht nur das Internet wird in China für rezeptive Kommunikation genutzt: Durch die besonders hohe Ausbreitung von Mobiltelefonen in den ärmeren Schichten und vor allem bei den Wanderarbeitern in den Großstädten (Chu/ Law 2008b: 43) hat der Mobilfunk auch eine Informationsfunktion übernehmen können. So z.B. per SMS- Nachrichtenservice oder durch die Nutzung von Sammel- SMS durch Arbeiter, um auf besondere Missstände, bspw. Warnungen vor Razzien oder Willkür bestimmter Arbeitgeber (Yang 2008: 68; Latham 2007)

Auch die Verbindung der Mobilfunktechnologie und dem Internet stellt die chinesischen Zensurbehörden verstärkt vor neue Herausforderungen. Die neuen Generationen der Mobiltelefone sind auch in China mit Kameras ausgerüstet und können so zu einer rasanten Verbreitung von Videos und Fotos in der Internetöffentlichkeit beitragen, die eine Zensur zunehmend unmöglich machen könnte (TIME 15.01.2008).

5.2.2 *Interpersonale politische Kommunikation*

Bei der interpersonalen Kommunikation im Internet ist die hohe Beliebtheit von *Chatrooms* und BBS augenfällig. Damm (2007) erklärt dies zum Teil mit den neuen Möglichkeiten anonymer und offener Diskursoptionen auch über gesellschaftlich brisante oder verpönte Themengebiete, die den Chinesen im realen Leben verwehrt werden. Außerdem bieten sie, wie auch im Westen, die Möglichkeit seine persönlichen Interessen und Vorlieben mit Menschen außerhalb des unmittelbaren Lebensumfeldes zu diskutieren, alternative Informationen zu erhalten und emotionale Unterstützung von Gleichgesinnten zu erhalten (Weber/ Jia 2006). Neben den großen BBS- Plattformen haben aber auch eine Reihe kleinerer und lokaler Webseiten eigene Foren und Chats eingerichtet (Damm 2007: 288).

Im Frühjahr 2003 verbreiteten sich die ersten Gerüchte über SARS vor allem durch SMS, BBS und Internet *Chatroom*s (Weber/ Jia 2006; Hung 2006). Die Regierung versuchte zunächst das Ausbrechen der Krankheit zu vertuschen, aber durch die effektive horizontale

Informationsverteilung des Internet und des Mobilfunk verbreiteten sich bald Gerüchte in ganz China, u.a. durch Menschen die in Quarantäne „hinter dem Rücken der Behörden" Mitteilungen verschicken konnten (Hung 2006: 152). Eine Auswirkung der Gerüchte über die Epidemie, bei gleichzeitiger Nachrichtensperre durch das Regime, war die verstärkte Nutzung alternativer Informationskanäle durch die Chinesen. So wurde z.B. die *Radio Free Asia* – Webseite exponential oft aufgerufen, bevor die Regierung sie sperren ließ (ebd. 153f.).

Yang/ Calhoun (2007: 225f.) und Yang (2007) betonen den herausragenden Stellenwert, den das Internet für die verschiedenen gesellschaftlichen Bewegungen im Sozial- und Umweltbereich besitzen, um mit ihren Unterstützern öffentlich kommunizieren zu können, Aktivitäten zu organisieren, für ihre Projekte zu werben oder Freiwillige zu mobilisieren. Die am häufigsten eingesetzten Applikationen dieser Gruppen sind eigene Webseiten, zumeist inklusive eines eigenen BBS-Forums oder Chats, und die intensive Nutzung von Mailing-Listen (Lin 2007: 176f.).

Durch den effektiven Einsatz der internetbasierten Kommunikation bieten sich den gesellschaftlichen Interessengruppen außerdem neue Optionen der Vernetzung mit sympathisierenden Vereinigungen im In- und Ausland (Yang, Guobin 2007; Yang/ Calhoun 2007). Die internationalen NRos haben sich inzwischen zu einer bedeutenden „strategische Ressource" (Yang, Guobin 2007: 128f.) für die chinesischen Gruppen entwickelt, da sie zum einen internationale Aufmerksamkeit garantieren zum anderen vielfältige finanzielle und politische Ressourcen zugänglich machen.

Auch die Wanderarbeiter in den großen Städten nutzen die IKT zur interpersonalen Kommunikation. Hauptsächlich über unpolitische Themen, wie zur Beziehungspflege mit ihren Bekannten und Arbeitskollegen oder zum Kontakt mit ihren Familien und Freunden, aber im Rahmen zwischenmenschlicher Gespräche natürlich auch zur Diskussion über politische Themen oder semi-politische Probleme wie ihre marginalisierte und diskriminierte Position in der chinesischen Gesellschaft. Ein großer Teil der Wanderarbeiter nutzt dazu die vielen Internet Cafés in den Städten, welche auch aufgrund des internetgestützten Organisationspotentials dieser „Problemgruppe" stark überwacht werden (Peng 2008).

Vor allem nutzen die Wanderarbeiter jedoch die Mobilfunkkommunikation (Yang 2008), da diese einerseits für viele inzwischen erschwinglich geworden ist und zum anderen ihre Angehörigen aus den armen Regionen Chinas oft noch kein Internetzugang haben bzw. sich nicht leisten können. Des Weiteren stellen die Mobiltelefone auch zunehmend ein unverzichtbares Instrument zur Arbeitssuche und zur Pflege von Kontakten zwischen den oft von Job zu Job, und oft auch von Stadt zu Stadt ziehenden Arbeiter (Ngan/ Ma 2008; Lin/ Tong 2008).

5.2.3 Partizipative politische Kommunikation

Neue Formen virtueller Partizipation sind in China bisher noch wenig entwickelt, was auch in der allgemeinen Behinderung öffentlicher Partizipation durch das Regime begründet ist. Das Internet bietet vielen Chinesen aber einen „öffentlichen" Ort der spontanen politischen Aktivität in *Chatrooms* oder BBS-Foren als „*nuanced channeling of public discourse*" (Kalathil/ Boas 2001) oder „*cyber protests*" (Yang, Guobin 2006: 2), ohne das die Regierung es als gefährliche Organisation betrachten würde. Nutzer in Foren verpacken ihre Kritik über Missstände zudem sehr oft in scheinbar unpolitischen Zusammenhängen, etwa durch die Beschreibung von Korruption von Ärzten in einem Forum über Krankenhäuser (Weber/ Jia 2006).

Eine bedeutende Funktion besitzen die IKT für die partizipative Mobilisierung und die Organisation von realweltlicher Organisation in China. So können innerhalb kurzer Zeit von einigen Wenigen per SMS oder MIM große Demonstrationen, so genannte *flash-mobs* (Hermanns 2008) organisiert werden und die staatlichen Sicherheitsorgane damit vor große organisatorische Herausforderungen stellen (Latham 2007). Auch Yang (2006) bemerkt, dass die Formen der „*internet mdiated activism*" eine zunehmend wichtigere Rolle spielen und mittels IKT gepflegte Netzwerke eine zunehmende Bedeutung als Organisationsgrundlage erlangen.

5.4 Regulierung der Informations- und Kommunikationstechnologien in der Volksrepublik China

Der chinesischen Führung sind die Leistungspotentiale moderner IKT und auch die potentiellen Erweiterungen der individuellen Kommunikation ihrer Bürger durchaus bewusst und der Zensurapparat brauchte auch nicht lange, um sich den veränderten technologischen Rahmenbedingungen anzupassen. Die verschiedenen IKT wurden schon frühzeitig durch eine Reihe alter und neuer Überwachungs- und Zensurmechanismen in die kommunikationspolitische Steuerung integriert und bislang gelang es den Behörden auch immer rechtzeitig, den technischen Neuerungen etwas entgegenzusetzen.

Der Empfang nicht-inländischer Rundfunksignale wurde durch die Störung terrestrischer Signale eingedämmt und Satellitenempfangsanlagen frühzeitig verboten, bzw. strikt lizenziert. Heute ist es im Grunde nur noch in den südlichen Provinzen, für Ausländer sowie für die politischen Eliten möglich, nicht- staatlich kontrollierte Rundfunkangebote zu konsumieren (vgl. Egan 2006: 78).

Der Mobilfunk hat sich dagegen als sehr viel schwerer kontrollierbar erwiesen. Aufgrund relativ geringer Kosten, unkomplizierter Bedienung und seiner rasanten und breitflächigen Ausbreitung in der gesamten Bevölkerung, wurden insbesondere die Kurznachricht-Applikationen schon mehrfach zur interpersonalen Organisation von Protestaktivitäten auf lokaler Ebene genutzt. Es war nur eine Frage der Zeit, bevor sich die technisch sehr gut aufgestellten Zensurbehörden der VRC um eine Lösung für dieses Problem bemühen würden. Inzwischen gibt es Berichte über moderne Filtersoftware auch in diesem Bereich, welche etwa Kurznachrichten mit bestimmten Schlagwörtern aussondern oder die bei der Versendung von identischen Nachrichten an viele Nutzer Alarm schlagen können (vgl. Egan 2006: 83).

Das Internet wurde schon seit seiner Freischaltung in China 1998 durch frühe Maßnahmen zu kontrollieren versucht. Eine Besonderheit der Internetregulierung in China stellen allerdings die überlappenden Zuständigkeiten von insgesamt 14 konkurrierenden Behörden und die daraus resultierenden Kompetenz- und Zuständigkeitsstreitigkeiten dar, womit teilweise auch die regional abweichenden Vorschriften erklärt werden können (Scharping 2007: 102ff.; Zheng 2008: 58f.). Die sechs einflussreichsten Behörden sind das MII, welches die Internet Service Provider (ISP) reguliert und überwacht; SARFT, die mit der Aufsicht von Internet-TV und Radio betraut ist; GAPP, dessen Zuständigkeitsbereich die Propaganda- und Informationsseiten der Regierung im Internet betrifft; das Informationsbüro des Staatsrats, welches Planungs- und Lenkungsrechte über die Informations- und Propagandawebseiten fordert; das MPS, dass seine eigenen Aktivitäten zur Überwachung und Filterung des Internetinhalts durchführt und die Strafverfolgungen gegen „Verletzungen der Staatssicherheit" anleitet, sowie schließlich auch noch eine spezielle Einheit der Propagandaabteilung zur Überwachung von Internetinhalten. Hinzu gesellen sich von Fall zu fall auch noch diverse Abteilungen des Kulturministerium, des Gesundheitsministerium, usw.

In der Praxis besteht die chinesische Internetzensur im Wesentlichen aus vier Komponenten: Zum ersten aus der direkten Kontrolle der Regierung über die chinesischen ISPs, zum zweiten aus der Sperrung indizierter Webseiten und der Entwicklung spezieller Software zum Herausfiltern bestimmter Begriffe und Anfragen bei Suchmaschinen, drittens aus inhaltlichen Zensurvorschriften für Anbieter von Medieninhalten und dem Einsatz von Moderatoren in Foren und Chatrooms, und schließlich aus dem Einsatz der „klassischen" Sicherheits- und Spitzelapparate.

Das Internet besteht aus unzähligen verschiedenen Kontenpunkten, die dezentral Informationen weiterleiten können, auch wenn einzelne Knoten im System ausfallen. Global betrachtet gibt es aber einige Datenleitungen, so genannte *backbones*, die zwischen verschiedenen nationalen ISPs und auch zwischen den Kontinenten per Glasfaserkabel Daten transportieren. Die chinesische Zensur nutzt genau diese Schwachstelle des Internet, indem es die ISPs in China kontrolliert, welche wiederum an die internationalen Datenverbindungen angeschlossen sind. Somit werden alle Anfragen innerhalb des chinesischen Internet an einige wenige staatlich kontrollierte Provider gesendet und dort mit Hilfe einer bestimmten Software herausgefiltert. Dieses spezifisch chinesische Zensursystem ist inzwischen unter den Begriffen *Golden Shield* oder *Great Firewall* (Tsui 2008) zu unrühmlicher Bekanntheit gelangt.

Im Falle der synchronen, interpersonalen Kommunikation in schnelllebigen *Chatrooms* oder BBS-Foren hat sich der Einsatz von Filtersoftware bislang aber noch nicht als besonders effektiv gezeigt. Die Regierung setzt bei diesen Plattformen daher auf eine Reihe von Zensurvorschriften, wie sie auch in den Massenmedien zum Einsatz kommen. Sie zwingt die Anbieter der Internetplattformen zur Selbstregulierung, da ihnen bei Zuwiderhandlungen die Schließung oder kostspielige Gerichtsverfahren drohen können.

Die Sicherheitsbehörden kommen meist erst dann zum Einsatz, wenn sich Online-Journalisten oder Privatpersonen im Internet kritisch über politische brisante Themen äußern. Ihnen drohen die gleichen Repressalien wie auch den chinesischen Print- und Rundfunkjournalisten, die die Vorschriften der Zensurbehörden missachten, wobei die chinesische Führung, laut Berichten zahlreicher Nichtregierungsorganisationen, nicht lange zögert Hausarreste oder Gefängnisstrafen zu verhängen. (HRiC 2008; AI 2008; WSJ 08.12.2008).

Ein bedeutender Aspekt der Internetzensur wird in der westlichen Kritik aber oftmals übersehen. Die Behörden sehen sich nämlich mit den gleichen Problemen konfrontiert, die auch in der westlichen Welt immer wieder im Zusammenhang mit dem Internet diskutiert werden, z.B. Pornographie (BBC 23.01.2008), Internet- und Spielsucht (WSJ 02.09.2008), Persönlichkeitsschutz, das Entstehen von „virtuellen Parallelwelten", den Schutz der „geistigen Gesundheit von Kindern" (Egan 2006: 81; HEISE 25.01.2007) usw. Schon seit Jahren finden in China – vom Westen weitgehend unbemerkt – lebhafte, öffentliche Debatten über die Auswirkungen des Internet auf die gesellschaftliche und moralische Ordnung und über die Grenzen der Meinungsfreiheit statt, aus welcher sich die Regierung auch auffallend heraushält (Giese/ Müller 2007). [27] Diese gesellschaftlichen Aushandlungsprozesse demonstrieren, dass es bei der Regulierung der Medien, insbesondere des Internet, nicht nur politische Gründe eine Rolle spielen, sondern auch ethische Überlegungen dahinter stehen können. Somit sind die Argumente der Regierung zur Zensur der Online- Kommunikation nicht völlig aus der Luft gegriffen, sondern können sich durchaus auf eine gewisse Unterstützung in der Bevölkerung stützen, bzw. sogar explizit von der Öffentlichkeit eingefordert werden.

Eine dagegen im Westen viel beachtete und auch kontrovers diskutierte Entwicklung stellt der wachsende Einfluss westlicher Firmen in China und deren Rolle bei der Internetzensur dar. Als Preis für den lukrativen Zugang zum chinesischen Massenmarkt verpflichteten sich Suchmaschinen wie *Google* oder *Yahoo* bereitwillig zur Selbstzensur und Sperrung von Inhalten für ihre Nutzer, sowie zur Offenlegung von Kundendaten an die chinesischen Behörden, was auch schon zu Inhaftierungen vieler Weblogger und Online-Journalisten geführt hatte (Leisegang 2008: 105; HEISE 18.07.2008). Erst im Sommer 2008 wurde bekannt, dass *Skype- TOM*, das chinesische Tochterunternehmen des VoIP- Anbieters *Skype*, Gespräche seiner Kunden aufzeichnete, zusammen mit vertraulichen Kundendaten speicherte und den Behörden zugänglich machte (WSJ 03.10.2008; NZZ 03.10.2008).

Der wachsende öffentliche Druck in ihren herkunftsländern und die Dauerüberwachung durch internationale NROs führten im herbst 2008 zu einem ersten Einlenken der Konzerne. Zahlreiche namenhafte, international operierende Internetfirmen, inkl. *Yahoo!*, *Google*, und *Microsoft*; Menschenrechtsorganisationen wie *Human Rights Watch*, *Human Rights in China*, *Human Rights First* und das *Committee to Protect Journalists*, unterzeichneten die so genannte *Global Network Initiative*. Sie verpflichteten sich damit in einem *Code of Conduct* gewisse Mindeststandards beim Umgang mit autoritären Regimen zu beachten (WP 28.10.2008). Auch wenn die Initiative keinerlei Sanktionsmaßnahmen gegen Verstöße enthält, soll das Verhalten der Firmen durch die beteiligten NROs regelmäßig evaluiert und veröffentlicht werden und könnte somit durchaus zu einer Selbstdisziplinierung beitragen.

---

[27] Zwei bekannte Fälle von Persönlichkeitsverletzungen im Internet waren das Weblog einer Frau in Shanghai, die sehr freizügig die Qualitäten ihrer oft wechselnden Liebhaber veröffentlichte und der Fall eines Professors in Peking. Dieser wurde von einem Studenten im Internet wiederholt massiv beleidigt und forderte daraufhin den Internetprovider zur Löschung der Kommentare auf, erhielt aber erst nach monatelangen Verhandlungen vor einem Gericht Recht (vgl. Giese/ Müller). Eine andere in China heftig diskutierte Form von Persönlichkeitsverletzungen stellen die so genannten *"human flesh search engines"* dar. So werden chinesische Internetsurfer genannt, welche gezielt Informationen über Menschen sammeln und diese in der Öffentlichkeit des Internet anprangern, wenn sie in ihren Augen die „öffentliche Moral" verletzt haben. (WSJ 12.09.2008).

D Schlussbetrachtung

6. Fazit und Ausblick

Das autoritäre Modernisierungsregime der VRC steckt in der Zwickmühle. Einerseits will die KPCh die kommunikative Kontrolle über die Bevölkerung behalten, gleichzeitig benötigt sie aber den wirtschaftlichen und technologischen Fortschritt – und damit auch die Ausbreitung von IKT - zur Legitimation ihres Herrschaftsanspruches. Zudem kann der steigenden Einfluss einer wachsenden Mittelschicht auf Dauer nicht ignoriert werden, deren zunehmend selbstbewusster und kritischer werdende on- und offline- Debatten eine öffentliche Gegenmeinung zu formen beginnt (Weber/ Jia 2003; Brendebach 2005).

Wie alle autoritären Regime hatte die chinesische Führung traditionell mehr oder weniger intensiv versucht zu kontrollierten bzw. einzuschränken, was die eigene Bevölkerung rezipieren oder worüber sie frei diskutieren konnte, um die öffentliche Meinung und Kritik an der Partei in berechenbaren Bahnen zu halten. Anders als noch in der Mao- oder Deng- Ära stehen der chinesischen Bevölkerung aber heutzutage vielfältige neue Informations- und Kommunikationsoptionen zur Verfügung. Rundfunk, Mobilfunktechnologie und die unterschiedlichsten Internet-Applikationen sind inzwischen weit verbreitet und werden rege genutzt, was nicht ohne Folgen für die politische Kommunikation des Landes bleiben konnte. Vom Standpunkt der individuellen politischen Kommunikation der chinesischen Bürger aus gesehen hat sich viel verändert, allerdings kann man den IKT aufgrund ihrer verschiedenen kommunikativen Leistungspotentiale und der fortschreitenden Regulierungsbemühungen seitens der Zensurbehörden nicht per se einen systemumwälzenden Effekt zuschreiben, sondern muss auch bei einer optimistischen Einschätzung zwischen potentiellen kurzfristigen und mittel- bis langfristigen Auswirkungen differenzieren.

Die Vervielfachung der Optionen im Bereich der rezeptiven Kommunikation bietet am ehesten eine Chance auf langfristige Einstellungsänderungen in der chinesischen Gesellschaft. Auch wenn die Massenmedien, insbesondere der Rundfunk, noch immer durch die staatlichen Regulierungsbehörden strikt überwacht werden, hat sich doch mit der Ausbreitung des Internet, vor allem für die aufsteigende Mittelschicht in den Städten und die ersten Ausprägungen zivilgesellschaftlicher Strukturen in Form von Umwelt- und Sozialbewegungen, eine neue Welt aufgetan. Ausländische Akteure haben durch die IKT einen großen Bedeutungszuwachs erfahren, da sie als Informationsquelle für die Bevölkerung oder als aktive Anbieter von Unterstützungsleistungen an gesellschaftliche Interessengruppen in China fungieren können. So gelangen durch das Internet auch chinesischsprachige

Nachrichten oppositioneller bzw. ausländischer Fernseh- und Rundfunksender und Printmedien ins Land und können oft einige Zeit im Internet zirkulieren, bevor die Zensurbehörden darauf reagieren. Hinzu kommt die nicht mehr überschaubare Anzahl von privaten chinesischen und ausländischen Webseiten, Weblogs, Video- Sharing- Plattformen usw., welche eine Totalüberwachung immer unwahrscheinlicher gestaltet.

Dennoch können auch pessimistische Stimmen zur Zukunft der rezeptiven politischen Kommunikation der chinesischen Bürger einige Argumente finden: Ähnlich der Entwicklung des Internet im Westen leidet nämlich auch das chinesischen Internet unter einem rapide wachsenden Informationsüberfluss, welcher dem Nutzer eine hohe Medienkompetenz zur Filterung nützlicher Informationen abverlangt und zusätzlich auch noch der PR- Maschinerie des Regimes neue Plattformen bietet. Die befragten Experten attestieren den Chinesen zudem im Allgemeinen ein noch immer großes Vertrauen in die eigenen Massenmedien, oder zumindest ein größeres Vertrauen in diese, als in die Medien des Auslands. Und ohnehin besitzen die einflussreichsten Schichten, die mittels des Internet oder persönlicher Kontakte an Auslandinformationen gelangen können, schon viele kommunikative Freiheiten, da sie von der Führung zur Sicherung der eigenen Herrschaft und zur Erweiterung von Problemlösungskapazitäten in das Herrschaftssystem eingebunden worden sind (vgl. Heilmann 2008).

Auch die interpersonale Kommunikation könnte ihren Teil zur Informationsausbreitung und einem langfristigen Einstellungswandel in der chinesischen Bevölkerung beitragen. Öffentliche Diskussionen und Kritik wurden in kleinen Gruppen, abgesehen von den Zeiten der schlimmsten totalitären Exzesse unter Mao, schon immer vom Regime geduldet und zeitweise sogar gefördert. Dennoch stellen der Mobilfunk und das Internet auch für viele Chinesen eine „Kommunikationsrevolution" dar. Die überdurchschnittlichen Nutzung von *Weblogs, Instant Messaging, Social Communities* und BBS in China ist zum Teil auch auf den noch immer begrenzten Artikulationsspielraum in der Öffentlichkeit zurückzuführen, selbst wenn dort zumeist – wie auch in anderen Ländern - unpolitische Entertainment- und Lifestyle- Themen im Vordergrund stehen (Damm 2004a). Eine besondere Rolle spielen diese Foren auch in der Kommunikation mit den Auslandschinesen, die noch nie in so großer Anzahl im Ausland studiert oder gearbeitet haben. Allein ihre - heute zum größten Teil IKT- vermittelte - kommunikative Rückkoppelung zu den Angehörigen und Freunden zu Hause und ihre Erfahrungen in der westlichen Welt können nicht ohne Folgen für das Weltbild vieler Chinesen bleiben.

Das Potential der Mobilfunktechnologie und des Internet zur spontanen Organisation und Mobilisierung durch interpersonale Kommunikation stellen wohl die derzeit akuteste und offensichtlichste Herausforderung für das Regime dar. Die ständige Befürchtung ist, dass sich durch die Hilfe der IKT ehemals lokal und regional begrenzte Konflikte und Unruhen auf weite Teile des Landes verteilen könnten. Auch wenn im Augenblick keine landesweite Opposition gegen die KPCh existiert und die einflussreichen Schichten der Gesellschaft sowie die Massenorganisationen und das Militär relativ fest in das System eingebunden sind, kann doch niemand die weitere positive wirtschaftliche Entwicklung garantieren, welche der Partei bisher ihre Macht sicherte.

Die Mobilfunktechnologie hat die chinesische Gesellschaft zu großen Teilen durchdrungen und zu einer hohen kommunikativen Mobilität beigetragen, welche insbesondere die zahllosen Wanderarbeiter in den Großstädten zur Linderung ihrer Lebensumstände einsetzen. Das von dem Millionenheer junger und sozial benachteiligter Arbeitsmigranten in den Städten und verarmter Bauern auf dem Land ausgehende Unruhepotential scheint der Führung sehr bewusst. Und auch das enorme Potential der IKT zur Organisation großer Massen wurde ihr schon in vielen lokal begrenzten Vorfällen deutlich vorgeführt. Die kommunistische Partei weiß aus ihrer eigenen Geschichte nur zu gut, zu welcher Instabilität die Mobilisierung der Bevölkerung führen kann und sie wird daher das Nötigste tun, dies zu verhindern. Massenmobilisierungen außerhalb der staatlich gelenkten, werden daher meist rasch, mittels bewährter Methoden wie dem Einsatz von Sicherheitskräften, aber neuerdings auch mit Hilfe des Einsatzes von IKT, z.B. der Verbreitung von Warnungen per SMS, versucht zu unterbinden.

Neuartige Online- Partizipationsmethoden, welche in vielen demokratisch verfassten Staaten zunehmend eingesetzt werden, um die Responsivität politischer Repräsentanten zu erhöhen oder die politische Partizipation der Bürger einfacher und schneller zu gestallten, spielen in China bislang kaum eine Rolle. Einerseits sind trotz aller infrastrukturellen Errungenschaften immer noch breite Teile der Bevölkerung von der Internetnutzung ausgeschlossen, andererseits möchte das Regime allerhöchstens eine begrenzte politische Partizipation der Bevölkerung zulassen. Dem chinesischen Internet kommt allerdings schon heute eine andere bedeutende Funktion zu, nämlich als Raum öffentlicher Diskurse. Dort wird es bestimmten gesellschaftlichen Gruppen ermöglicht, ihren Unmut als eine Art partizipative Ersatzhandlung im gegenseitigen Diskurs oder im Online-Aktionismus abzuarbeiten und somit Druck von der Führung zu nehmen (Hung 2006: 163; Weber/ Jia 2006). Zu dieser Ausprägung eines „Druckventils", um die Aktivitäten junger Chinesen in vorteilhaftere Bahnen zu lenken, könnte man u.a. auch die Angriffe nationalistischer Hacker gegen Webseiten und Server aus Japan, Taiwan oder den USA zählen, welche von der chinesischen Führung zumindest geduldet zu werden scheinen (HEISE 24.01.2006; HEISE 05.09.2007).

Insgesamt gesehen leben viele Chinesen ihrer eigenen Wahrnehmung heute wohl in der freisten Gesellschaft die es bisher gab. Sie können deshalb auch die westliche Kritik an ihrer angeblichen Unterdrückung manchmal nur schwer nachvollziehen, da diese keineswegs mit ihrer erlebbaren Alltagsrealität übereinstimmt. Die nationale Führung selbst betrachtet sich im Geiste Maos und Dengs als Garant für die innere Stabilität und den Wideraufstieg Chinas in der Welt. Eine Ansicht die viele Chinesen teilen, die sich noch lebhaft an ihre eigenen Erfahrungen mit politischer Instabilität und uneingeschränktem staatlichen Gestaltungsanspruch erinnern können und sich der Fortschritte des heutigen China sehr wohl bewusst sind (Schöttli 2006; Damm 2004a). Zudem ist die KPCh bislang äußerst erfolgreich in ihren Bemühungen, die Erfolge ihrer Politik an die Bevölkerung zu vermitteln und dabei Kritik an den Auswüchsen der Reformen und an ihrem alleinigen Herrschaftsanspruch zu unterdrücken. Daneben gelang es ihr bis heute auch, die gefährlichsten Herausforderungen ihres Herrschaftsanspruchs zu verhindern: Eine regionen- oder sogar landesübergreifende Organisation gesellschaftlicher Protestgruppen sowie die Verbreitung von Informationen, welche der Bevölkerung das Bild vermitteln könnten, die lokalen oder regionalen Probleme seien systeminhärent und nicht nur lokal begrenzte Sonderfälle. Diese Strategie erklärt auch das nach wie vor gute Ansehen, das die nationale Parteispitze in der Bevölkerung genießt, wohingegen die Unzufriedenheit über lokale Parteikader und Beamte zu wachsen scheint (Schucher 2006).

Auch wenn sich heute in China erst zarte Anfänge einer „fragmentierten Zivilgesellschaft" (Lin 2007), im Sinne einer staatsfernen Selbstorganisation gesellschaftlicher Interessengruppen, herausgebildet haben, wird diese jedoch sehr argwöhnisch durch die politische Führung beobachtet. Das die Bewegungen aufgrund der immensen sozialen und ökologischen Herausforderungen Chinas und der beobachtbaren Steuerungsprobleme der Regierung immer wichtiger für das Land werden, zeigt sich auch dadurch, dass die KPCh verstärkt die lokalen Problemlösungskapazitäten dieser Bewegungen für die eigenen Zwecke ausnutzt und, wenn sie zu einflussreich zu werden drohen, sie in das System zu inkorporieren sucht oder mit Repressionen gegen sie vorgeht.

Gleichwohl besitzen die neuen sozialen und ökologischen Initiativen mit der zunehmenden Etablierung von IKT in der Volksrepublik moderne Instrumente, um ihre Autonomie,

Organisationsfähigkeit und Durchsetzungskraft gegen den Staat zu verbessern. Sie können durch verbesserte Vernetzung auf nationaler und internationaler Ebene neues Unterstützungspotential und zusätzliche Ressourcen generieren. Des Weiteren können sie durch externes Wissen und durch selbst gewonnene Erfahrungen in der friedlichen, politischen Partizipation und Kooperation zur Schaffung eines neuen, demokratiefreundlichen Bewusstseins in der chinesischen Gesellschaft beitragen. Ob sie einmal das Fundament eines demokratischen China bilden können, ist allerdings noch lange nicht absehbar.

Eine sich schon heute abzeichnende Entwicklung ist dagegen, dass es die IKT der chinesischen Führung in Zukunft sehr schwer machen werden Skandale wie Korruption oder Beamtenwillkür zu verbergen. Sie könnten somit auf ihre Art durchaus einen wichtigen Teil dazu beitragen, die kommunistische Partei, wenn schon nicht zu umwälzenden politischen Veränderungen, mittelfristig zumindest zu einer verantwortlicheren und transparenteren Regierungsweise zu zwingen.

E Verwendete Quellen und Literatur

Literaturverzeichnis

ALBY, Tom (2007): "Web 2.0 - Konzepte, Anwendungen, Technologien", 2. aktualis. Aufl., München, Verlag Hanser

ALEXANDER, Peter / CHAN, Anita (2004): Does China have an apartheid pass system?, in: Journal of Ethnic and Migration Studies, Volume 30, Issue 4 July 2004, S. 609 - 629

ALLUM, Percy (1995): „State and Society in Western Europe", Cambridge, Polity Press

ALPAR, Paul [Hrsg.] (2008): „Web 2.0 - eine empirische Bestandsaufnahme", Wiesbaden, Vieweg + Teubner

ALPERMANN, Björn (2002): "Provincial Legislation on Village Self-administration: A Framework for the Evaluation of Grassroots Elections.", in: Kölner China-Studien Online, 01/ 2002, (URL: <http://www.china.uni-koeln.de/papers/>, 04.01.2009)

ALPERMANN, Björn (2004): „Dimensionen sozialer Probleme in China - regionale und sektorale Facetten", in: KUPFER, Kristin [Hrsg.] (2004): „Sozialer Sprengstoff in China.", Focus Asien 17, Essen: Asienhaus, S. 7-19

ALPERMANN, Björn (2007): „Provincial Legislation on Village Elections in China.", in: Zeitschrift für Chinesisches Recht, 1/ 14, S. 1-26

ALPERMANN, Björn (2008): „Aufschwung mit Folgen. China in der Modernisierungsfalle.", in: Politische Ökologie, 110, S. 12-14

ANDERSON, Christopher J. / MENDES, Silvia M. (2005): "Learning to Lose: Election Outcomes, Democratic Experiences and Political Protest Potential", in: British Journal of Political Science 36, S. 91-111

ATHANASIADIS, Iason (2005): „Mid-East media: the news wars", in: European Journal of Communication, Vol 20(4), S. 531–537

BANSE, Gerhard (2007): „Internet. Kultur. Demokratie", in: FLEISSNER, Peter [Hrsg.]: „Digitale Medien - neue Möglichkeiten für Demokratie und Partizipation?", Berlin, Verlag Trafo, S. 41- 56

BARABANTSEVA, Elena (2005): "Trans-nationalising Chineseness: Overseas Chinese Policies of the PRC's Central Government", in: ASIEN 96 (Juli 2005), S. 7- 28

BARNES, Samuel H. / KASSE, Max (1979): "Political Action: Mass Participation in Five Western Democracies", SAGE Publications

BECK, Klaus (2006): "Computervermittelte Kommunikation im Internet", München; Wien, Verlag Oldenbourg

BERENGER, Ralph D. (2006): "Introduction: War in Cyberspace", in: Journal of Computer-Mediated Communication 12 (1), S. 176–188

BERG-SCHLOSSER, Dirk (2007): „Concepts, Measurements and Sub-Types in Democratic Research", in: BERG-SCHLOSSER, Dirk [Hrsg.]: „Democratization. The state of the art", 2. rev. ed. Auflage, Opladen [u.a.], Verlag Budrich; S. 31- 44

BEYME, Klaus von (2000): „Zivilgesellschaft – Von der bürgerlichen zur nachbürgerlichen Gesellschaft?", in: MERKEL, Wolfgang [Hrsg.]: „Systemwechsel. Band 5. - Zivilgesellschaft und Transformation", Opladen, Leske + Budrich, S. 51- 70

BIRDSALL, Stephanie (2005): "Geography matters: Mapping human development and digital access", in: First Monday, Volume 10, number 10 (October 2005), (URL: <http://firstmonday.org/issues/issue10_10/birdsall/index.html>, 04.01.2009)

BLUM, Roger (2005): "Bausteine zu einer Theorie der Mediensysteme", in: Medienwissenschaft Schweiz 2/ 2005, 2, S. 5- 11

BORDEWIJK, Jan L. / KAAM, Ben van (2002): "Towards a new Classification of Tele- Information Services", in: McQUAIL, Denis (2002): "McQuail's Reader in Mass Communication Theory", London u.a., SAGE Publications, S. 113- 124

BOS, Ellen (1996): „Die Rolle von Eliten und kollektiven Akteuren in Transitionsprozessen", in: MERKEL, Wolfgang [Hrsg.]: „Systemwechsel. Band 1. - Theorien, Ansätze und Konzepte der Transitionsforschung", 2. rev. Aufl., Opladen, Leske + Budrich, S. 81- 110

BRENDEBACH, Martin (2005): "Public Opinion – a New Factor Influencing the PRC Press", in: ASIEN 96 (Juli 2005), S. 29- 45

BUCHER, Hans-Jürgen (2004): „Das Netzwerk-Medium: Wie das Internet die Kommunikation verändert", in: Geographie und Schule, Heft 147, S. 2-7

Bundesamt für Verfassungsschutz [Hrsg.] (2008a): „Verfassungsschutzbericht 2007", Bundesministerium des Inneren, Berlin

Bundesamt für Verfassungsschutz [Hrsg.] (2008b): „Wirtschaftsspionage: Risiko für Ihr Unternehmen", Bundesministerium des Inneren, Berlin

BURNETT, Robert / MARSHALL, P. David (2003): „Web theory. An introduction", London [u.a.], Routledge

BURT, Eleanor / TAYLOR, John (2001): „When virtual meets values: insights from the voluntary sector", in: Information, Communication & Society, Vol. 4/1 (2001), S. 54- 73

CAI, Yongshun (2008): "Power Structure and Regime Resilience: Contentious Politics in China", in: British Journal of Political Science, 38/3, S. 411-432

CAI, Heping / HUA, Yingfang (2008): „Sozialversicherung für Wanderarbeiter in der Volksrepublik China", in: China aktuell (2008), Volume 37/ 1, S. 181- 203

CABESTAN, Jean-Pierre (2005): „The Many Facets of Chinese Nationalism", in: China perspectives, Nr. 59, (may-june 2005), S. 12- 34

CANTONI, Lorenzo / TARDINI, Stefano (2006): "Internet", London [u.a.], Verlag Routledge

CHAN, Alex (2008): "Guiding Public Opinion through Social Agenda-Setting: China's media policy since the 1990s" in: Journal of Contemporary China, 16 (53), S. 547– 559

CHEN, An (2007): "The Failure of Organizational Control: Changing Party Power in the Chinese Countryside", in: Politics & Society, Vol. 35/1, S. 145-179

CHEN, Feng (2007): "Individual rights and collective rights: Labor's predicament in China", in: Communist and Post-Communist Studies, Volume 40/1, S. 59-79

CHEN, Xi (2007): "Media Lens Revisited: Television and Socio-Political Changes in China", in: Journal of Chinese Political Science, Volume 12, Number 2 / August 2007, S. 167-184

CHERRIBI, Sam (2006): „From Baghdad to Paris: Al-Jazeera and the Veil", in: The Harvard International Journal of Press/Politics 2006/11, S. 121- 138

CHU, Wai-chi R. (2008): „The Dynamics of Cyber China: The Characteristics of Chinese ICT Use", in: Knowledge, Technology, and Policy, Volume 21/ 1, S. 29-35

CHU, Wai-chi R. / LAW, Pui-lam (2008a): "ICTs and China: An Introduction", in: Knowledge, Technology, and Policy, Vol. 21/ 2, S.3–7

CHU, Wai-chi R. / LAW, Pui-lam (2008b): "ICTs and Migrant Workers in Contemporary China", in: Knowledge, Technology, and Policy, Vol. 21/ 2, S. 43–45

CHU, Yingchi (2007): "The New Chinese Citizen and CETV", in: Critical Asian Studies, 39/2 (2007), S. 259-272

CHUNG, Chien-peng (2002): "China's War on Terror", in: Foreign Affairs, Vol.81/ 4, S. 8- 12

CHUNG, Chien-peng (2008): "Separatism in Modern China: An Analytical Framework", in: Issues and Studies, Vol.44 No.1 March 2008, S. 185-225

China Internet Network Information Center [Hrsg.] (2007a): "Survey Report on Internet Development in Rural China 2007", Beijing, August 2007 (URL: <http://www.cnnic.cn/en/index/0O/index.htm>, 04.01.2009)

China Internet Network Information Center [Hrsg.] (2007b): "20. Statistical Survey Report on the Internet Development in China", Beijing, July 2007 (URL: <http://www.cnnic.cn/en/index/0O/index.htm>, 04.01.2009)

China Internet Network Information Center [Hrsg.] (2008): "22. Statistical Survey Report on the Internet Development in China", Beijing, July 2008 (URL: <http://www.cnnic.cn/en/index/0O/index.htm>, 04.01.2009)

Committee to Protect Journalists [Hrsg.] (2008a): "CPJ's 2008 prison census: Online and in jail", (URL: <http://cpj.org/>, 04.01.2009)

Committee to Protect Journalists [Hrsg.] (2008b): "Chinese Journalists in Prison", (URL: <http://cpj.org/imprisoned/2008.php#china>, 04.01.2009)

CORRALES, Javier / WEATHOFF, Frank (2006): "Information Technology Adoption and Political Regimes", in: International Studies Quarterly, Volume 50 Issue 4, S. 911 - 933

CROISSANT, Aurel (2000): „Zivilgesellschaft und Transformation in Ostasien", in: MERKEL, Wolfgang [Hrsg.]: „Systemwechsel. Band 5. - Zivilgesellschaft und Transformation", Opladen, Leske + Budrich, S. 335-372

CROISSANT, Aurel/ LAUTH, Hans-Joachim/ MERKEL, Wolfgang (2000): "Zivilgesellschaft und Transformation: ein internationaler Vergleich", in: MERKEL, Wolfgang [Hrsg.]: „Systemwechsel. Band 5. - Zivilgesellschaft und Transformation", Opladen, Leske + Budrich, S. 9- 50

DAMM, Jens (2004a): "Internet and the Fragmentated Political Society", in: IIAS Newsletter, 33, S. 10-11.

DAMM, Jens (2004b): "Talkin' 'Bout a Revolution? The Internet in China", in: China Review, S. 35-37

DAMM, Jens (2007): "The Internet and the Fragmentation of Chinese Society", in: Critical Asian Studies, 39:2, S. 273-294

DAMM, Jens [Hrsg.] (2006): "Chinese cyberspaces. Technological changes and political effects", New York [u.a.], Verlag Routledge

DAMODARAN, Leela / OLPHERT, Wendy (2006): "Informing digital futures. Strategies for citizen engagement.", Dordrecht, Springer

DELLA PORTA, Donatella / DIANI, Mario (2006): „Social Movements. An Introduction", 2. überarb. Auflage, Oxford, Blackwell Publishing

DETH, Jan W. van (1997): „Formen konventioneller politischer Partizipation. Ein neues Leben alter Dinosaurier?", in: GABRIEL, Oscar W. [Hrsg.]: „Politische Orientierungen und Verhaltensweisen im vereinigten Deutschland", Opladen, Leske + Budrich, S. 291- 319

DETH, Jan W. van (2003): „Vergleichende politische Partizipationsforschung", in: BERG-SCHLOSSER, Dirk /MÜLLER-ROMMEL, Ferdinand [Hrsg.]: „Vergleichende Politikwissenschaft", 4. überarb. u. erw. Aufl., Opladen, S. 167-187

DÖRING, Nicola (2003): „Sozialpsychologie des Internet. Die Bedeutung des Internet für Kommunikationsprozesse, Identitäten, soziale Beziehungen und Gruppen", 2. vollst. überarb. und erw. Aufl., Göttingen; Bern [u.a.], Verlag Hogrefe

DOWNING, John (1996): "Internationalizing media theory. Transition, power, culture; reflections on media in Russia, Poland and Hungary 1980 – 95", London [u.a.], Sage Publications

DUTTON, William (2004): Social Transformation in the Information Society, UNESCO Publication, Paris (URL: <http://portal.unesco.org/ci/en/files/12848/11065568745corpus-1-144.pdf/corpus-1-144.pdf>, 04.01.2009)

EBERSBACH, Anja / GLASER, Markus / HEIGL, Richard (2008): „Social Web", Konstanz, UVK Verlagsges.

EGAN, Annabel (2006): "Regulatory changes against evolving media freedoms in China", in: Asia Europe Journal (Heidelberg), 4 (April 2006) 1, S. 77-86

EMMER, Martin (2005): „Politische Mobilisierung durch das Internet? Eine kommunikations-wissenschaftliche Untersuchung zur Wirkung eines neuen Mediums", München, Verlag Fischer

EMMER, Martin/ FÜTING, Angelika/ VOWE, Gerhard (2006): Wer kommuniziert wie über politische Themen? Eine empirisch basierte Typologie individueller politischer Kommunikation. In: Medien und Kommunikationswissenschaft 54 (2), S. 216-236

EMMER, Martin / VOWE, Gerhard (2004): „Mobilisierung durch das Internet? Ergebnisse einer empirischen Längsschnittuntersuchung zum Einfluss des Internets auf die politische Kommunikation der Bürger", in: Politische Vierteljahresschrift, 45. Jg. (2004), Heft 2, S. 191–212

FANG, Weigui (2004): „Das Internet und China. Digital sein, digitales Sein im Reich der Mitte", Hannover, Verlag Heise

FEICK, Jürgen (2007): „Demokratische Partizipation im Zeitalter des Internets", in: DOLATA, U. / WERLE, R. [Hrsg.] (2007): „Gesellschaft und die Macht der Technik. Sozioökonomischer und institutioneller Wandel durch Technisierung", Frankfurt a.M, Campus, S. 221-239

FISCHER, Doris (2001): „Rückzug des Staates aus dem chinesischen Mediensektor? Neue institutionelle Arrangements am Beispiel des Zeitungsmarktes", Duisburg (Duisburger Arbeitspapiere zur Ostasienwirtschaft 56/2001); auch erschienen in: Asien (Juli 2001, 80), S. 5–24

FISCHER, Doris (2004): Chinas Medien im Wandel – Zwischen politischem und wirtschaftlichem Druckin: Das neue China (4/2004: Medien), 8–11

FISCHER, Doris (2005): „Verfügungsrechte, Verträge und institutioneller Wandel im chinesischen Mediensektorin", in: Pascha, Werner / Storz, Cornelia (Hrsg.): „Wirkung und Wandel von Institutionen: Das Beispiel Ostasien", Schriften zu Ordnungsfragen der Wirtschaft 77, Stuttgart: Lucius & Lucius, S. 253–279

FISCHER, Doris (2007).: „Integration in die Weltwirtschaft", in: FISCHER, Doris / LACKNER, Michael [Hrsg.]: „Länderbericht China. Geschichte - Politik - Wirtschaft – Gesellschaft", Reihe Schriftenreihe / Bundeszentrale für Politische Bildung ; 631, 3. vollst. überarb. Aufl., Bonn, Bundeszentrale für Politische Bildung, S. 332- 358

FISCHER, Doris (2009): "Censorship and marketization. Institutional change within China´s media", in: HEBERER, Thomas / SCHUBERT, Gunter [Hrsg.]: "Regime Legitimacy in Contemporary China", Routledge, S. 175- 196

FISCHER, Doris / SCHÜLLER, Margot (2007): „Wandel der ordnungspolitischen Konzeptionen seit 1949", in: FISCHER, D. / LACKNER, M. [Hrsg.]: „Länderbericht China", 3. überarb. Aufl., Schriftenreihe 631/ 3, Bonn, Bundeszentrale für Politische Bildung, S. 227- 247

FLICK, Uwe (2007): „Qualitative Sozialforschung. Eine Einführung", Reinbek bei Hamburg, Rowohlt-Taschenbuch-Verlag

FORTUNATI, Leopoldina (2006): "User Design and the Democratization of the Mobile Phone", in: First Monday, special issue number 7 (September 2006), (URL: <http://firstmonday.org/issues/special11_9/fortunati/index.html>, 04.01.2009)

FORTUNATI, Leopoldina / MANGANELLI, Anna Maria (2008): "Beijing Calling... Mobile Communication in Contemporary China", in: Knowledge, Technology, and Policy, Volume 21/ 1, S. 19-27

Freedomhouse [Hrsg.] (2008a): "Freedom of the Press 2008 ", (URL: < http://www.freedomhouse.org>, 04.01.2009)

Freedomhouse [Hrsg.] (2008b): "Freedom of the Press 2008 - China ", (URL: <http://www.freedomhouse.org>, 04.01.2009)

Freedomhouse [Hrsg.] (2008c): "Freedom in the World 2008 ", (URL: <http://www.freedomhouse.org>, 04.01.2009)

GIESE, Karsten (2003a): "Construction and Performance of Virtual Identity in the Chinese Internet", in: HO / KLUVER (Hrsg.): "Asia Encounters the Internet", Routledge, London, S. 193-210

GIESE, Karsten (2003b): "Internet growth and the digital divide: implications for spatial development", in: HUGHES, Christopher R. / WACKER, Gudrun (Hrsg.): "China and the Internet. Politics of the Digital Leap Forward", Routledge, London, S. 30-57

GIESE, Karsten (2004): "Speaker's Corner or Virtual Panopticon: Discursive Construction of Chinese Identities Online", in: MENGIN, Françoise (Hrsg.): "Cyber China: Reshaping National Identities in the Age of Information", Palgrave, New York, S. 19-36

GIESE, Karsten (2005a): „Freier Diskurs oder perfekter Überwachungsstaat? Identity Work im chinesischen Internet", in: CHINA aktuell, 1/2005, S. 35-51

GIESE, Karsten (2005b): "Surfing the Virtual Minefield. Doing Ethnographic Research on the Chinese Internet", in: Berliner Chinahefte, No. 28, Juli 2005, S. 20-43

GIESE, Karsten / MÜLLER, Constanze (2007). "Ethisch- moralische Grenzen öffentlicher Kommunikation – vernachlässigte Dimension im Diskurs um Internetzensur in China", in: China Aktuell, 4/ 2007, S. 74- 95

GÖBEL, Christian/ HEBERER, Thomas (2005): „Task Force: Zivilgesellschaftliche Entwicklungen in China", in: Duisburger Arbeitspapiere Ostasienwissenschaften, Grüne Reihe, No. 64/ 2005

GRANT, Jennifer (2001): Media Issues and Policy", in: MACKERRAS, Colin [Hrsg.]: "The new Cambridge handbook of contemporary China", Cambridge [u.a.], Cambridge Univ. Press

GRUNWALD, Armin / BANSE, Gerhard / COENEN, Christopher (2005): „Internet und Demokratie. Endbericht zum TA-Projekt: Analyse netzbasierter Kommunikation unter kulturellen Aspekten", Berlin: Büro für Technikfolgen-Abschätzung beim Deutschen Bundestag (TAB) 2005 (TAB-Arbeitsbericht Nr. 100)

GUO, Baogang (2003): "Political legitimacy and china's transition", in: Journal of Chinese Political Science, Volume 8, Numbers 1-2 / September 2003, S. 1-25

HAFNER, Katie / LYON, Matthew (2008): „ Arpa Kadabra oder Die Anfänge des Internet", 3. Aufl., Heidelberg, dpunkt- Verlag

HALLIN, Daniel C. / MANCINI, Paolo (2006): „Comparing media systems. Three models of media and politics", Cambridge [u.a.], Cambridge Univ. Press

HARTIG, Falk (2008): „Die Kommunistische Partei Chinas: Volkspartei für Wachstum und Harmonie?", in: Internationale Politik und Gesellschaft Online, 2/ 2008, S. 70- 89

HEBEL, Jutta / SCHUCHER, Günter (2007): „Beschäftigungsstrukturen und Arbeitsmärkte", in: FISCHER, D. / LACKNER, M. [Hrsg.]: „Länderbericht China", 3. überarb. Aufl., Schriftenreihe 631/ 3, Bonn, Bundeszentrale für Politische Bildung, S. 284- 304

HEBERER, Thomas (2007a): „Institutionelle Defizite gefährden Chinas soziale und politische Stabilität", in: Zeitschrift für Politik, Jg. 54, 2/2007, S. 162-178.

HEBERER, Thomas (2007b): „Soziale Herausforderungen im städtischen und ländlichen Raum", in: FISCHER, D. / LACKNER, M. [Hrsg.]: „Länderbericht China", 3. überarb. Aufl., Schriftenreihe 631/ 3, Bonn, Bundeszentrale für Politische Bildung, S. 463- 490

HEBERER, Thomas/ SAUSMIKAT, Nora (2004): „Bilden sich in China Strukturen einer Zivilgesellschaft heraus? Erlebnisse und Ergebnisse aus der Sicht politikwissenschaftlicher Ostasienforschung", in: Duisburger Arbeitspapiere Ostasienwissenschaften, Grüne Reihe, No. 61/ 2004

HEDIGER, Vinzenz (2007): „Weltregionen im Vergleich: Asien", in: THOMAß, Barbara [Hrsg.] (2007): „Mediensysteme im internationalen Vergleich", Konstanz, UVK-Verl.-Ges., S. 299- 313

HEILMANN, Sebastian (1999): „Verbände und Interessenvermittlung in der VR China: Die marktinduzierte Transformation eines leninistischen Staates", in: MERKEL, Wolfgang / SANDSCHNEIDER, Eberhard [Hrsg.] (1999): „Systemwechsel. Band 4. - Die Rolle von Verbänden im Transformationsprozeß", Opladen, Verlag Leske + Budrich, S. 279- 329

HEILMANN, Sebastian (2004): Das politische System der Volksrepublik China, 2. aktualisierte Auflage, Wiesbaden, Verlag für Sozialwissenschaften

HEILMANN, Sebastian (2007): „Das politische System der VR China. Modernisierung ohne Demokratie? ", in: FISCHER, D. / LACKNER, M. [Hrsg.]: „Länderbericht China", 3. überarb. Aufl., Schriftenreihe 631/ 3, Bonn, Bundeszentrale für Politische Bildung, S. 181- 197

HEILMANN, Sebastian (2008): „China als lernendes autoritäres System. Experimentierende Staatstätigkeit und wirtschaftliche Modernisierung", China Analysis 63, Juli 2008, (URL: <http://www.chinapolitik.de/studien/china_analysis/no_63.pdf>, 04.01.2009)

HERMANNS, Heike (2008): "Mobile Democracy: Mobile Phones as Democratic Tools", in: Politics, Volume 28 Issue 2, S. 74 – 82

HOECKER, Beate (2006) Mehr Partizipation via Internet?, in: HOECKER, Beate [Hrsg.]: „Politische Partizipation zwischen Konvention und Protest", Opladen, S. 289-307

HÖFLICH, Joachim R.(1997): „Zwischen massenmedialer und technisch vermittelter interpersonaler Kommunikation - der Computer als Hybridmedium und was die Menschen damit machen", in: BECK, Klaus/ VOWE, Gerhard [Hrsg.]: „Computernetze - ein Medium öffentlicher Kommunikation?", Berlin, S. 85-126

HOLBIG, Heike (2007): „Sinisierung der Demokratie: Chinas Parteiführung setzt auf eigene Werte", GIGA Focus Asien 12/2007

Human Rights in China [Hrsg.] (2008): "The Fog of Censorship: Media Control in China", New York; Hongkong, (URL: < http://www.hrichina.org >, 04.01.2009)

Human Rights Watch [Hrsg] (2007): "You Will Be Harassed and Detained. Media Freedoms Under Assault in China Ahead of the 2008 Beijing Olympic Games", Volume 19, No. 12(c), Human Rights Watch, Asia Division (URL: <http://www.hrw.org >, 04.01.2009)

HUNG, Chin-fu (2006): "The Politics of Cyber Participation in the PRC: The Implications of Contingency for the Awareness of Citizens' Rights", in: Issues and Studies, Vol.42 No.4 December 2006, S. 137-173

IMHOF, Kurt / SCHULZ, Peter [Hrsg.] (1998): „Kommunikation und Revolution", Reihe "Mediensymposium Luzern", Band 3, Zürich, Seismo-Verlag

International Press Institute [Hrsg.] (2007): „World Press Freedom Review 2007 - People's Republic of China", (URL: < http://www.freemedia.at/cms/ipi >, 04.01.2009)

International Telecommunication Union [Hrsg.] (2007): "The Indicators Handbook", World Telecommunication/ICT indicators meeting, October 2006, (URL: <http://www.itu.int/ITU-D/ict/handbook.html>, 04.01.2009)

International Telecommunication Union [Hrsg.] (2008a): "ITU Development Reports 2008", (URL: <http://www.itu.int/newsroom/press_releases/2008/29.html>, 04.01.2009)

International Telecommunication Union [Hrsg.] (2008b): "ITU Development Reports 2008 - Asia- Pacific", (URL: <http://www.itu.int/newsroom/press_releases/2008/25.html>, 04.01.2009)

JÄCKEL, Michael (2008): „Medienwirkungen. Ein Studienbuch zur Einführung", 4. überarb. und erw. Aufl., Wiesbaden, VS Verl. für Sozialwissenschaften

JARREN, Otfried [Hrsg.] (2007): „Ordnung durch Medienpolitik? Der Band ist Professor Ulrich Saxer zum 75. Geburtstag gewidmet.", Konstanz, Verlag UVK

JARREN, Otfried / DONGES, Patrick (2006): „Politische Kommunikation in der Mediengesellschaft. Eine Einführung", 2. überarb. Aufl., Wiesbaden, Verl. für Sozialwiss.

JORDAN, Tim (2007): „Online Direct Action. Hacktivism and Radical Democracy", in: DAHLBERG, Lincoln [Hrsg.]: "Radical democracy and the internet. Interrogating theory and practice", Basingstoke [u.a.], Palgrave Macmillan, S. 73- 87

KALATHIL, Shanthi / BOAS, Taylor C. (2004): „Open networks, closed regimes. The impact of the internet on authoritarian rule", Washington, DC

KANG, Xie (2006), "Industrialization Supported by Informatization: the Economic Effects of the Internet in China", in Damm / Thomas (2006), S. 132–147.

KATSUNO, Masahiro (2005): "Status and Overview of Official ICT Indicators for China", STI Working Paper 2005/4, OECD Directorate for Science, Technology and Industry (STI)

KLASCHKA, Siegfried (2007): „Die politische Geschichte im 20. Jahrhundert", in: FISCHER, D. / LACKNER, M. [Hrsg.]: „Länderbericht China", 3. überarb. Aufl., Schriftenreihe 631/ 3, Bonn, Bundeszentrale für Politische Bildung, S. 129- 155

KLINGEMANN H.-D./ VOLTMER, Karin (1989): „Massenmedien als Brücke zur Welt der Politik. Nachrichtennutzung und politische Beteiligungsbereitschaft", in: KAASE, M. / SCHULZ, W. [Hrsg.] „Massenkommunikation. Theorien, Methoden, Befunde", Opladen, Westdeutscher Verlag, S. 221- 283

KÖLLNER, Patrick (2008a): „Autoritäre Regime in Asien: Allgemeine Trends und jüngere Entwicklungen", GIGA Focus Asien 12/2008

KÖLLNER, Patrick (2008b): „Autoritäre Regime – keine weltweit aussterbende Gattung, sondern eine wachsende Herausforderung", GIGA Focus Global, 6/ 2008

KUPFER, Kristin (2005): "China. Von Katzen und Mäusen", in: ai-Journal September 2005

KUPFER, Kristin (2007): „Die Debatte um die Menschenrechte", in: FISCHER, D. / LACKNER, M. [Hrsg.]: „Länderbericht China", 3. überarb. Aufl., Schriftenreihe 631/ 3, Bonn, Bundeszentrale für Politische Bildung, S. 446- 462

LACKNER, Michael (2007): „Kulturelle Identitätssuche von 1949 bis zur Gegenwart", in: FISCHER, D. / LACKNER, M. [Hrsg.]: „Länderbericht China", 3. überarb. Aufl., Schriftenreihe 631/ 3, Bonn, Bundeszentrale für Politische Bildung, S. 491- 512

LANGENBUCHER, Wolfgang R. [Hrsg.] (1993): „Politische Kommunikation. Grundlagen, Strukturen, Prozesse", 2. überarb. Aufl., Wien, Verlag Braumüller

LATHAM, Kevin (2007): "SMS, Communication and Citizenship in China´s Information Society", in: Critical Asian Studies, 39:2, 295–314

LAUTH, Hans-Joachim (2006): „Regimetypen: Totalitarismus – Autoritarismus – Demokratie", in: LAUTH, Hans-Joachim [Hrsg.] (2006): Vergleichende Regierungslehre. Eine Einführung., 2. durchges. Auflage, Wiesbaden, Verlag VS, S. 91- 154

LAUTH, Hans-Joachim [Hrsg.] (2006): Vergleichende Regierungslehre. Eine Einführung., 2. durchges. Auflage, Wiesbaden, Verlag VS

LAUTH, Hans-Joachim / MERKEL, Wolfgang [Hrsg.] (1997): „Zivilgesellschaft im Transformationsprozess. Länderstudien zu Mittelost- und Südeuropa, Asien, Afrika, Lateinamerika und Nahost", Reihe Politikwissenschaftliche Standpunkte 3, Mainz, Institut für Politikwissenschaft

LEE, Eun- Jeung (2005): „Demokratische Transformation und neue Kommunikationstechnologien in Asien : das Beispiel Südkorea", in: Internationale Politik und Gesellschaft Online, 3/ 2005, S. 47- 62

LEHRACK, Dorit (2004): „NGO im heutigen China – Aufgaben, Rolle und Selbstverständnis", in: Duisburger Arbeitspapiere Ostasienwissenschaften, Grüne Reihe, No. 57/ 2004

LEISEGANG, Daniel (2008): „Das Google- Imperium", in: Blätter für deutsche und internationale Politik, Ausgabe 02/2008, S. 103- 110

LI, Lianjiang (2008): "Political Trust and Petitioning in the Chinese Countryside", in: Comparative Politics, Volume 40/ 2, S. 167- 192

LI, Lulu (2006): „Die Klassenanalyse der heutigen chinesischen Gesellschaft in der Übergangsperiode", in: Kölner China-Studien Online, 01/ 2006, (URL: <http://www.china.uni-koeln.de/papers/>, 04.01.2009)

LIN, Angel / TONG, Avin (2008): "Mobile Cultures of Migrant Workers in Southern China: Informal Literacies in the Negotiation of (New) Social Relations of the New Working Women", in: Knowledge, Technology, and Policy, Vol. 21/ 2, S. 73–81

LIN, Teh-chang (2007): "Environmental NGOs and the Anti-Dam Movements in China: A Social Movement with Chinese Characteristics", in: Issues and Studies, Vol.43 No.4 December 2007, S. 149-184

LINDNER, Ralf (2007): „Politischer Wandel durch digitale Netzwerkkommunikation? Strategische Anwendung neuer Kommunikationstechnologien durch kanadische Parteien und Interessengruppen", Wiesbaden, VS Verl. für Sozialwissenschaften

LITZINGER, Ralph (2006), "Activisms across Borders: The Campaign to Halt the Nujiang Dam Project", Special Edition "Media in China", Critical Asian Studies (in Vorbereitung)

LIVINGSTON, Steven / BELLE, Douglas A. Van (2005): "The Effects of Satellite Technology on Newsgathering from Remote Locations", in: Political Communication, Volume 22, Issue 1 February 2005, S. 45 - 62

LYNCH, Daniel C. (1999): "After the propaganda state: Media, politics, and "thought work."", in: Reformed China. Stanford, CA: Stanford University Press

McQUAIL, Denis (2005): "Mass communication theory", 5. ed. Auflage, London [u.a.], SAGE Publications

MECKEL, Miriam / STANOEVSKA- SLABEVA, Katarina [Hrsg.] (2008): „Web 2.0 - Die nächste Generation Internet", Baden-Baden, Verlag Nomos

MENDOZA, Lunita (2005): "China: Mobile Superpower", in: RAO, Madanmohan / MENDOZA, Lunita [Hrsg.]: "Asia unplugged. The wireless and mobile media boom in the Asia-Pacific", New Delhi [u.a.], Response Books, S. 373- 383

MERI, Thomas (2008): „Handel mit Hochtechnologieerzeugnissen. China auf dem Vormarsch.", in: OECD Wissenschaft und Technologie, 7/ 2008

MERKEL, Wolfgang (1999): "Systemtransformation", Opladen, Leske+Budrich

MERKEL, Wolfgang (2003): „Demokratie in Asien. Ein Kontinent zwischen Diktatur und Demokratie", Bonn, Verlag Dietz

MERKEL, Wolfgang (2006): „Defekte Demokratie", Band 2, Wiesbaden, Verlag für Sozialwiss.

MERKEL, Wolfgang / PUHLE, Hans-Jürgen (1999): „Von der Diktatur zur Demokratie. Transformationen, Erfolgsbedingungen, Entwicklungspfade", Opladen [u.a.], Westdt. Verlag

MERKEL, Wolfgang / PUHLE, Hans-Jürgen / CROISSANT, Aurel (2003) [Hrsg.]: „Defekte Demokratien. Bd.1, Theorien und Probleme.", Verlag für Sozialwissenschaften

MERKEL, Wolfgang / THIERY, Peter (2006): „Systemwechsel", in: LAUTH, Hans-Joachim [Hrsg.] (2006): „Vergleichende Regierungslehre. Eine Einführung"., 2. durchges. Auflage, Wiesbaden, Verlag VS, S. 154 - 180

MORRIS, Merrill / OGAN, Christine (2002): "The Internet as Mass Medium", in: McQUAIL, Denis (2002): "McQuail's Reader in Mass Communication Theory", London u.a., SAGE Publications, S. 134- 145

MÜLLER, Thomas/ PICKEL, Susanne, 2007: Wie lässt sich Demokratie am besten messen? Zur Konzeptqualität von Demokratieindizes. In: Politische Vierteljahresschrift 3/2007, S. 511-539

NAM, Taehyun (2007): "Rough days in democracies: Comparing protests in democracies", in: European Journal of Political Research 46, S. 97-120

National Bureau of Statistics of China [Hrsg.] (2008): "Statistical Communiqué of the People's Republic of China on the 2007", February 2008, (URL: <http://www.stats.gov.cn/english/newsandcomingevents/t20090108_402531578.htm>, 04.01.2009)

NAUGHTON, John, 1999: "A brief history of the future. The origins of the Internet", Weidenfeld & Nicolson, London

NGAN, Raymond / MA, Stephen (2008): "The Relationship of Mobile Telephony to Job Mobility in China's Pearl River Delta", in: Knowledge, Technology, and Policy, Vol. 21/ 2, S. 55–63

NOHLEN, Dieter (2002): „Industrieländer", in: ders. [Hrsg.]: „Lexikon Dritte Welt. Länder, Organisationen, Theorien, Begriffe, Personen", Reinbek, S. 396

NORRIS, Pippa (2002): "Democratic Phoenix. Reinventing Political Activism", Cambridge

NYIRI, Pal (2001): "Expatriating is patriotic? The discourse on 'new migrants' in the People's Republic of China and identity construction among recent migrants from the PRC", in: Journal of Ethnic and Migration Studies, Volume 27, Issue 4 October 2001, S. 635 – 653

NYIRI, Pal (2007): „Chinesen im Ausland", in: FISCHER, D. / LACKNER, M. [Hrsg.]: „Länderbericht China", 3. überarb. Aufl., Schriftenreihe 631/ 3, Bonn, Bundeszentrale für Politische Bildung, S. 379- 401
OBERHEITMANN, Andreas (2007): „Herausforderungen für die Umweltpolitik", in: FISCHER, D. / LACKNER, M. [Hrsg.]: „Länderbericht China", 3. überarb. Aufl., Schriftenreihe 631/ 3, Bonn, Bundeszentrale für Politische Bildung, S. 332- 358

OBYDENKOVA, Anastassia (2008): „Regime transition in the regions of Russia: The freedom of mass media: Transnational impact on sub-national democratization?", in: European Journal of Political Research, Vol. 47/2, S. 221 - 246

O'DONNELL, Guillermo A. / SCHMITTER, Philippe C. [Hrsg.] (1993): „Transitions from authoritarian rule. Volume 4: Tentative conclusions about uncertain democracies", Baltimore [u.a.], Johns Hopkins Univ. Press

OECD Observer (2007): "Chinese innovation. China can rekindle its great innovative past, though some reforms may be needed first", in: OECD Observer, No. 263, October 2007, unter:
http://www.oecdobserver.org/news/fullstory.php/aid/2496/Chinese_innovation_.html

OGDEN, Suzanne (2002): "Inklings of democracy in China", Harvard East Asian monographs 210, Cambridge, Mass. [u.a.], Verlag Harvard Univ. Press

O'NEIL, Patrick H. (1998): "Democratization and Mass Communication: What is the Link?", in: O'NEIL, Patrick H. [Hrsg.]: "Communicating democracy. The media and political transitions", Boulder, Verlag Lynne Rienner, S. 1-20

PALTEMAA, Lauri (2007): „The Democracy Wall Movement, Marxist Revisionism, and the Variations on Socialist Democracy", in: Journal of Contemporary China, 16(53), S. 601–625

PENG, Yinni (2008): "Internet Use of Migrant Workers in the Pearl River Delta", in: Knowledge, Technology, and Policy, Vol. 21/ 2, S. 47–54

PERRY, Elizabeth J. (2001): "Challenging the Mandate of Heaven. Social Protest and State Power in China", New York, London, M.E. Sharpe

PERRY, Elizabeth J. [Hrsg.] (2000): "Chinese society. Change, conflict and resistance", London, Verlag Routledge

PERTHES, Volker (2005): „Geheime Gärten. Die neue arabische Welt", Bonn, Bundeszentrale für politische Bildung

PUPPIS, Manuel (2007): „Einführung in die Medienpolitik", Konstanz, Verlag UVK

PÜRER, Heinz (2003): „Publizistik- und Kommunikationswissenschaft. Ein Handbuch", Konstanz, UVK Verl.-Ges.

RAFAEL, Vicente (2005): "The Cellphone and the Crowd. Messianic Politics in the Contemporary Philippines", in: RAO, Madanmohan / MENDOZA, Lunita [Hrsg.]: "Asia unplugged. The wireless and mobile media boom in the Asia-Pacific", New Delhi [u.a.], Response Books, S. 286- 318

RAWNSLEY, Gary D. [Hrsg.] (2003): "Political communications in Greater China. The construction and reflection of identity", London [u.a.], RoutledgeCurzon

Reporters sans frontières [Hrsg.] (2008a): "Press Freedom Index 2008", Paris (URL: <http://www.rsf.org>, 04.01.2009)

Reporters sans frontières [Hrsg.] (2008b): "China - Annual report 2008", Paris (URL: <http://www.rsf.org>, 04.01.2009)

Reporters sans frontières [Hrsg.] (2008c): "Handbook for Bloggers and Cyber-Dissidents. March 2008", Paris (URL: <http://www.rsf.org>, 04.01.2009)

RICE, Ronald (2002): „Artifacts and Paradoxes in New Media", in: McQUAIL, Denis (2002): "McQuail's Reader in Mass Communication Theory", London u.a., SAGE Publications, S. 125- 133

ROGG, Arne (2003): Demokratie und Internet. Der Einfluss von computervermittelter Kommunikation auf Macht, Repräsentation, Legitimation und Öffentlichkeit", Opladen, Leske + Budrich

SARCINELLI, Ulrich (2005): „Politische Kommunikation in Deutschland. Zur Politikvermittlung im demokratischen System", Wiesbaden, VS Verl. für Sozialwissenschaften

SAXER, Ulrich (1998): „System, Systemwandel und politische Kommunikation", in: JARREN, Otfried / SARCINELLI, Ulrich / SAXER, Ulrich (Hrsg.): „Politische Kommunikation in der demokratischen Gesellschaft", Opladen/Wiesbaden, S. 21- 64

SCHARPING, Thomas (2000): „Die sozialwissenschaftliche China- Forschung: Rückblick und Ausblick", in: Kölner China-Studien Online, 01/ 2000, (URL: <http://www.china.uni-koeln.de/papers/>, 04.01.2009)

SCHARPING, Thomas (2007a): „Verwaltung, Zensur und Kontrolle in den chinesischen Medien: Auf dem neuesten Stand", in: China Aktuell, 4/ 2007, S. 96- 118

SCHARPING, Thomas (2007b): „Bevölkerungspolitik und demographische Entwicklung", in: FISCHER, D. / LACKNER, M. [Hrsg.]: „Länderbericht China", 3. überarb. Aufl., Schriftenreihe 631/ 3, Bonn, Bundeszentrale für Politische Bildung, S. 50- 71

SCHENK, Michael (2003): „Interpersonale Kommunikation", in: NOELLE-NEUMANN, Elisabeth [Hrsg.]: „Fischer Lexikon. Publizistik. Massenkommunikation", 2., aktual., vollst. überarb. u. erg. Aufl., Frankfurt am Main, Fischer-Taschenbuch-Verlag, S. 64- 77

SCHERER, Helmut / BEHMER, Markus (2000): „.... und wurden zerstreut in alle Winde: das Internet als Medium der Exilkommunikation", in: JARREN, Otfried / IMHOF, Kurt / BLUM, Roger (Hrsg.): „Zerfall der Öffentlichkeit?", Wiesbaden, Westdeutscher Verlag, S. 282 - 299

SCHMIDT, Manfred G. (1996): "Der Januskopf der Transformationsforschung. Kontinuität und Wandel der Demokratietheorien", in: BEYME, Klaus von [Hrsg.] (1996): „Politische Theorien in der Ära der Transformation", Opladen, Westdt. Verlag, S. 182- 209

SCHMIDT, Manfred G. (2008): „Demokratietheorien. Eine Einführung", 4. überarb. u. erw. Auflage, Wiesbaden, Verl. für Sozialwiss.

SCHMIDT- GLINTZER, Helwig (2007): „Wachstum und Zerfall des kaiserlichen China", in: FISCHER, D. / LACKNER, M. [Hrsg.]: „Länderbericht China", 3. überarb. Aufl., Schriftenreihe 631/ 3, Bonn, Bundeszentrale für Politische Bildung, S. 101- 128

SCHÖTTLI, Urs (2006): „Auch in China gehören die Zensoren zu den Verlierern: das Reich der Mitte im Informationszeitalter", in: Liberal (Berlin), 48 (August 2006) 8, S. 43-46

SCHUCHER, Günter (2006): Ein Gespenst geht um in China - das Gespenst sozialer Instabilität, in: China aktuell, Nr. 5/2006, S. 47-63

SCHULTZE, Rainer- Olaf (2001): „Partizipation", in: NOHLEN, Dieter [Hrsg]: „Kleines Lexikon der Politik", München, Verlag Beck, S. 363- 365

SCHULZ, Winfried (2003): „Politische Kommunikation", in: BENTELE, Günter [Hrsg.]: „Öffentliche Kommunikation. Handbuch Kommunikations- und Medienwissenschaft", Wiesbaden, Westdt. Verl., S. 458- 480

SCHULZ, Winfried (2008): „Politische Kommunikation. Theoretische Ansätze und Ergebnisse empirischer Forschung.", 2. vollst. überarb. und erw. Aufl., Wiesbaden, VS Verl. für Sozialwissenschaften

SCHWATE, Jan (2005): „Regulierung des Internets in autoritären Staaten. Ansätze und Ursachen der Varianz", In: HOFER, Lutz [Hrsg.]: „Düsseldorfer Forum Politische Kommunikation. Akteure. Prozesse. Strukturen.", Schriftenreihe DFPK, Band 1, poli- c- books, S. 227- 242

SEEBERG, Peter / FELDT, Jakob (2006) [Hrsg]: "New Media in the Middle East", Working Paper Series No. 7, Centre for Contemporary Middle East Studies, University of Southern Denmark

SHIRK, Susan L. (2007): „China. Fragile Superpower", Oxford [u.a.], Oxford Univ. Press

SIEBERT, Fredrick S. / PETERSON, Theodore / SCHRAMM, Wilbur (1963): „Four theories of the press. The authoritarian, libertarian, social responsibility and Soviet communist concepts of what the press should be and do", Urbana, University of Illinois Press

SLEEBOOM-FAULKNER, Margaret (2007): "Regulating Intellectual Life in China: The Case of the Chinese Academy of Social Sciences", in: The China Quarterly, Vol. 189/ March 2007, S. 83-99

SLEVIN, James (2002): "The Internet and Forms of Human Association", in: McQUAIL, Denis (2002): "McQuail's Reader in Mass Communication Theory", London u.a., SAGE Publications, S. 146- 156

SMITH FINLEY, Joanne (2007): "Chinese Oppression in Xinjiang, Middle. Eastern Conflicts and Global Islamic Solidarities among the Uyghurs", in: Journal of Contemporary China, 16(53), S. 627–654

STOCKMAN, Norman (2003): „Understanding Chinese society", Cambridge, Polity Press

STROHMEIER, Gerd (2004): „Politik und Massenmedien. Eine Einführung", Baden-Baden, Verlag Nomos

THOMAß, Barbara / TZANKOFF, Michaela (2001): „Medien und Transformation in den postkommunistischen Staaten Osteuropas", in: THOMAß, Barbara / TZANKOFF, Michaela [Hrsg.]: „Medien und Transformation in Osteuropa", Wiesbaden, Westdeutscher Verlag

THOMAß, Barbara [Hrsg.] (2007): „Mediensysteme im internationalen Vergleich", Konstanz, UVK-Verl.-Ges.
TNS Infratest [Hrsg.] (2008): "TNS China Source Book 2008", (URL: <http://www.tns-infratest.com/presse/china_sourcebook.asp>, 04.01.2009)

TONG, James (2001): "An Organizational Analysis of the Falun Gong: Structure, Communications, Financing", in: China Quarterly, No.171, 2002, S. 636-660

TONG, James (2005): "Publish to Perish: Regime Choices and Propaganda Impact in the Anti-Falun Gong Publications Campaign", in: Journal of Contemporary China (2005) 14 (44), S. 507-523

TSUI, Lokman (2008): "The Great Firewall as Iron Curtain 2.0: the implications of China's Internet most dominant metaphor for U.S. Foreign Policy", Research Paper Presented at the 6th annual Chinese Internet Research Conference June 13/14. 2008, Journalism and Media Studies Centre, Hong Kong University

UMBACH, Frank (2004): „Die VR China. Entwicklung und Außenpolitik", in: KNAPP / KRELL [Hrsg.]: „Einführung in die internationale Politik", 4. Auflage, Oldenbourg, S. 334 - 365

UN Statistical Commission [Hrsg.] (2007): "Core list of indicators on information and communication technologies (ICT)", (URL: <http://new.unctad.org/templates/Page____604.aspx>, 04.01.2009)

VOLLNHALS, Clemens (2006): „Der Totalitarismusbegriff im Wandel", in: APuZ 39/2006, S. 21–27

VOLTMER, Katrin (2000): „Massenmedien und demokratische Transformation in Osteuropa. Strukturen und Dynamik öffentlicher Kommunikation im Prozeß des Regimewechsels", in: KLINGEMANN, Hans-Dieter / NEIDHARDT, Friedhelm [Hrsg.]: „Zur Zukunft der Demokratie. Herausforderungen im Zeitalter der Globalisierung", Berlin, Verlag Ed. Sigma, S. 123-151

VOWE, Gerhard / DOHLE, Marco (2007): „ Politische Kommunikation im Umbruch – neue Forschung zu Akteuren, Medieninhalten und Wirkungen, in: Politische Vierteljahresschrift, 48. Jg. (2007), Heft 2, S. 338–359

WACKER, Gudrun (2008a): „Olympischer Moment: Werden die Spiele China verändern?", in: Aus Politik und Zeitgeschichte 29-30/2008, S. 13- 18

WACKER, Gudrun (2008b): „Die (olympischen) Geister, die Peking rief", SWP- Aktuell 33, April 2008

WACKER, Gudrun / KAISER, Matthias (2008): „Nachhaltigkeit auf chinesische Art. Das Konzept der „harmonischen Gesellschaft"", SWP- Studie S18, Juli 2008

WANG, Zhengxu (2007): "Public Support for Democracy in China", in: Journal of Contemporary China 16(53), S. 561–579

WEATHERLEY, Robert (2008): „Defending the Nation: The Role of Nationalism in Chinese Thinking on Human Rights", in: Democratization, Volume 15/ 2, S. 342 - 362

WEBER, Ian / LU, Jia (2003): "Internet and the Fragmented Political Community", IIAS Newsletter, 33/2003

WEBER, Ian / LU, Jia (2006): „SARS, youth and online civic participation in China", in: HOLDEN, Todd J. M. [Hrsg.]: "Medi@sia. Global media/tion in and out of context", London [u.a.], Verlag Routledge, S. 82- 104

WEBER, Ian / LU, Jia (2007): „Internet and self-regulation in China: the cultural logic of controlled commodification", in: Media Culture Society, 29 (2007), S. 772- 789

WILKE, Jürgen (2003a): "Medien DDR", in: NOELLE-NEUMANN, Elisabeth [Hrsg.]: „Fischer Lexikon. Publizistik, Massenkommunikation", 2., aktual., vollst. überarb. u. erg. Aufl., Frankfurt am Main, Fischer-Taschenbuch-Verlag, S. 214- 240

WILKE, Jürgen (2003b): "Multimedia/ Online-Medien", in: NOELLE-NEUMANN, Elisabeth [Hrsg.]: „Fischer Lexikon. Publizistik, Massenkommunikation", 2., aktual., vollst. überarb. u. erg. Aufl., Frankfurt am Main, Fischer-Taschenbuch-Verlag, S. 304- 327

WILSON, Jeanne L. (2007): „The Impact of the Demise of State Socialism on China", in: LANE, David [Hrsg.]: "The transformation of state socialism. System change, capitalism or something else?", Houndmills [u.a.], Verlag Macmillan

World Association of Newspapers [Hrsg.] (2008): "Journalists in Prison in China", (URL: <http://www.wan-press.org/china/>, 04.01.2009)

World Press Freedom Committee [Hrsg.] (2008): "Beijing Olympics 2008: Winning Press Freedom", (URL: <http://www.wpfc.org>, 04.01.2009)

WU, Guoguang (2005): "The anatomy of political power in China", East Asian Institute (EAI), National University of Singapore, Verlag Marshall Cavendish Academic

Xin, Xin (2006): "A developing market in news: Xinhua News Agency and Chinese newspapers", in: Media, Culture & Society, Vol. 28(1) (2006), S. 45–66

XU, Ben (2007): „Official and Nonofficial Nationalism in China at the Turn of the Century", in: Issues and Studies, Vol.43 No.2 June 2007, S. 93-128

YANG, Boxu (2008): "NPOs in China: Some Issues Concerning Internet Communication", in: Knowledge, Technology, and Policy, Vol. 21/ 2, S. 37–42

YANG, Guangbin (2006): "An Institutional Analysis of China's State Power Structure and its Operation", in: Journal of Contemporary China, Volume 15, Issue 46 Feb. 2006, S. 43 – 68

YANG, Guobin (2002): "Information Technology, Virtual Chinese Diaspora, and Transnational Public Sphere", Paper commissioned for the "Virtual Diaspora and Global Problem Solving" Project of the Nautilus Institute, Berkeley, CA.

YANG, Guobin (2003): "The Internet and the Rise of a Transnational Chinese Cultural Sphere." Media, Culture & Society 25(4), S. 469-490

YANG, Guobin (2005a): "Emotional Events and the Transformation of Collective Action: The Chinese Student Movement", in: FLAM, Helena / KING, Debra [Hrsg.]: "Emotions and Social Movements", London, Routledge, S. 79- 98

YANG, Guobin (2005b): "Information Technology and Grassroots Democracy: A Case Study of Environmental Activism in China", in: NIEMAN, Charles L. [Hrsg.]: "Democracy and Globalization", Online- Book, Kent State University Press (URL: < http://upress.kent.edu/Nieman/index.html>, 04.01.2009)

YANG, Guobin (2006): "Activists beyond Virtual Borders: Internet–Mediated Networks and Informational Politics in Chin", in: First Monday, special issue number 7 (September 2006), (URL: <http://firstmonday.org/issues/special11_9/yang/index.html>, 04.01.2009)

YANG, Guobin (2007): "How Do Chinese Civic Associations Respond to the Internet? Findings from a Survey", in: The China Quarterly , Volume 189, March 2007, S. 122-143

YANG, Guobin / CALHOUN, Craig (2007): "Media, Civil Society, and the Rise of a Green Public Sphere in China", in: China Information 21(2), S. 211-236.

YANG, Ke (2008): "A Preliminary Study on the Use of Mobile Phones amongst Migrant Workers in Beijing", in: Knowledge, Technology, and Policy, Vol. 21/ 2, S. 65–72

YUE, Xie (2008): „Party Adaptation and the Prospects for Democratization in Authoritarian China", in: Issues and Studies, Vol.44 No.2 June 2008, S. 79-102

ZEIDLER, Stephan (2005): „Zensur im Internet", in: Aus Politik und Zeitgeschichte (APuZ 30-31/2005), S. 33-38

ZHANG, Junhua / WOESLER, Martin [Hrsg.] (2004): "China's digital dream. The impact of the internet on Chinese society", 2.rev. and extend. ed.,, Berlin [u.a.], Europ. Univ. Press [u.a.]

ZHANG, Lena (2006): "Behind the 'Great Firewall'. Decoding China's Internet Media Policies from the Inside", in: Convergence 12/ 3 (2006), S. 271- 291

ZHANG, Xiaoling (2007): "Breaking News, Media Coverage and 'Citizen's Right to Know' in China", in: Journal of Contemporary China, 16(53), S. 535–545

ZHAO, Jinqiu (2008): "ICT4D: Internet Adoption and Usage among Rural Users in China", in: Knowledge, Technology, and Policy, Vol. 21/ 2, S. 9–18

ZHAO, Yuezhi (2000): „From commercialization to conglomeration: the transformation of the Chinese press within the orbit of the party state", in: Journal of Communication, Volume 50, Issue 2, S. 3-26

ZHENG, Yongnian (2006): "Globalization and Social Conflict in China", in: Issues and Studies Vol.42 No.2 June 2006, S. 85-129

ZHENG, Yongnian (2008): "Technological empowerment. The internet, state, and society in China", Stanford, Calif., Stanford University Press

ZIPFEL, Theodor (1998): „Online- Medien und politische Kommunikation im demokratischen System", in: HAGEN, Lutz M. [Hrsg.]: „Online-Medien als Quellen politischer Information. Empirische Untersuchungen zur Nutzung von Internet und Online-Diensten", Opladen, Westdt. Verlag, S. 20- 54

ZHOU, Yongming (2006): "Historicizing online politics. Telegraphy, the Internet, and political participation in China", Stanford, Calif., Stanford University Press

Verzeichnis verwendeter Internetquellen:

(alle URLs zuletzt besucht am 01.05.2010)

Name	URL
56.com	http://www.56.com/
6park	http://6park.com/
Alexa- *Internet Rating* (Top 100 Chinese Websites)	http://www.alexa.com/site/ds/top_sites?cc=CN&ts_mode=country&lang=none
Alibaba	http://alibaba.com/
Al Jazeera- English	http://english.aljazeera.net/
Amnesty International	http://www.amnesty.de/
Arbeitskreis Sozialwissenschaftliche Chinaforschung (ASC)	http://www.asienkunde.de/index.php?file=asc.html&folder=asc
Baidu	http://www.baidu.com/
BBC- *News*	http://news.bbc.co.uk/1/hi/world/default.stm
China Internet Network Information Center (CNNIC)	http://www.cnnic.cn/en/index/index.htm
China Internet Project (University of Berkeley)	http://journalism.berkeley.edu/program/china-internet/
Chinese Academy of Social Sciences (CASS)	http://bic.cass.cn/English/index.asp
Chinese Internet Research Group	http://groups.yahoo.com/group/chineseinternetresearch/
Chinese Urban Identities in the Internet Age (Forschungsprojekt)	http://www.chinabbsresearch.de/
Committee to Protect Journalists	http://cpj.org
Deutsche Welle	http://www.dw-world.de/
EUROSTAT	http://epp.eurostat.ec.europa.eu/
Eyes on Darfur	http://www.eyesondarfur.org/satellite.html
Far Eastern Economic Review	http://www.feer.com
Frankfurter Allgemeine Zeitung- Online	http://www.faz.net/s/homepage.html
Free Burma Rangers (FBR)	http://www.freeburmarangers.org/
Freedomhouse	http://www.freedomhouse.org
Global Alliance for ICT and Development (GAID)	http://www.un-gaid.org/

Global Network Initiative	http://www.globalnetworkinitiative.org/
Global Voices (Harvard University)	http://globalvoicesonline.org/
The Guardian	http://www.guardian.co.uk/
HAARETZ.com	http://www.haaretz.com
heise online	http://www.heise.de/
Human Rights in China	http://www.hrichina.org/public/index
Human Rights Watch	http://www.hrw.org/
International Press Institute (IPI)	http://www.freemedia.at/cms/ipi/
International Telecommunication Union (ITU)	http://www.itu.int/net/home/index.aspx
ITU - ICT *Eye*	http://www.itu.int/ITU-D/ICTEYE/Default.aspx
Internet Development Research Center (IDRC)	http://www.idrc.ca/en
Internet Guide for Chinese Studies (IGCS)	http://sun.sino.uni-heidelberg.de/igcs
Internet Trafic Report	http://www.internettrafficreport.com/
Internet World Stats	http://www.internetworldstats.com/stats.htm
Kaixin001	http://www.kaixin001.com/
Nationales Statistikbüro der VR China	http://www.stats.gov.cn/english/
Neue Züricher Zeitung	http://www.nzz.ch/
New York Times	http://www.nytimes.com/
OECD	http://www.oecd.org/
OSCE	http://www.osce.org
Picidae.net	http://www.picidae.net/
Polity IV Project	http://www.systemicpeace.org/polity/polity4.htm
Psiphon	http://psiphon.ca/
QQ	http://www.qq.com/
Radio Free Asia (RFA)	http://www.rfa.org/english/
Reporters sans frontières (RSF)	http://www.rsf.org
Sina.com	http://www.sina.com/
Sohu.com	http://www.sohu.com/
Soso	http://soso.com

SPIEGEL- Online	http://www.spiegel.de/
Süddeutsche Zeitung	http://www.sueddeutsche.de/
Taobao	http://taobao.com
TIME *Magazine*	http://www.time.com
TNS Infratest - *China Source Book*	http://www.tns-infratest.com/presse/china_sourcebook.asp
Todou	http://www.tudou.com/
Twitter	http://twitter.com/
UNDP	http://www2.undp.org/
UNDP – *Human Development Report*	http://hdr.undp.org/en/
UNESCO	http://www.unesco.org
UNESCO *Institute for Statistics*	http://www.uis.unesco.org/
UN ICT *Task Force*	http://www.unicttaskforce.org/
UNSTATS	http://unstats.un.org/unsd/statcom/commission_40th_session.htm
UNTACD - *Measuring ICT Website*	http://new.unctad.org/
Wall Street Journal- Online	http://online.wsj.com
WELT- Online	http://www.welt.de/
WIRED	http://www.wired.com/
Worldbank	http://www.worldbank.org/
World Press Freedom Committee	http://www.wpfc.org/
World Association of Newspapers	http://www.wan-press.org
Xinhua- English (VRC)	http://www.xinhuanet.com/english/

Verzeichnis verwendeter Online - Medienberichte

(alle URLs zuletzt besucht am 01.05.2010)

BBC- Online (05.12.2008): "China 'faces mass social unrest'", unter: http://news.bbc.co.uk/2/hi/asia-pacific/7766921.stm

BBC- Online (18.10.2008): "China's press freedoms extended", unter: http://news.bbc.co.uk/2/hi/asia-pacific/7675306.stm

BBC- Online (23.01.2008): "Web pornography targeted in China", unter: http://news.bbc.co.uk/2/hi/asia-pacific/7204013.stm

BBC- Online (03.01.2008): „Discontent 'grips Chinese cities'", unter: http://news.bbc.co.uk/2/hi/asia-pacific/7170438.stm

BBC- Online (17.10.2007): "Daily reality of net censorship", unter: http://news.bbc.co.uk/2/hi/technology/7047592.stm

BBC- Online (12.09.2007): „Chinese web filtering 'erratic'", unter: http://news.bbc.co.uk/2/hi/technology/6990842.stm

Far Eastern Economic Review (15.07.2008): „China's Guerrilla War for the Web", unter: http://www.feer.com/essays/2008/august/chinas-guerrilla-war-for-the-web

Financial Times Deutschland (04.07.2007): „Japan fürchtet IT-Macht Chinas und Koreas", unter: http://www.ftd.de/technik/it_telekommunikation/:Japan%20IT%20Macht%20Chinas%20Koreas/221733.html?mode=print

Guardian (22.12.2008): „Plane crash survivor texts Twitter updates", unter: http://www.guardian.co.uk/world/blog/2008/dec/22/plane-crash-twitter

HAARETZ.com (25.12.2008): "Terrorists go digital, using iPhones, Google to coordinate attacks", unter: http://www.haaretz.com/hasen/spages/1049816.html

HEISE- Online (23.11.2008): „China: Volkseigene Chatter für saubere Foren", unter: http://www.heise.de/newsticker/China-Volkseigene-Chatter-fuer-saubere-Foren--/meldung/119304

HEISE- Online (02.10.2008): „Skype in China filtert und speichert politische Mitteilungen", unter: http://www.heise.de/netze/Skype-in-China-filtert-und-speichert-politische-Mitteilungen--/news/meldung/116853

HEISE- Online (24.07.2008): „China hat nun weltweit die meisten Internetnutzer", unter: http://www.heise.de/newsticker/China-hat-nun-weltweit-die-meisten-Internetnutzer--/meldung/113307

HEISE- Online (18.07.2008): „Web-Riesen in China: Mehr Zensur als nötig", unter: http://www.heise.de/newsticker/Web-Riesen-in-China-Mehr-Zensur-als-noetig--/meldung/112992 und

HEISE- Online (05.09.2007): „"Cyber-Krieg" in vollem Gange", unter: http://www.heise.de/newsticker/meldung/95552

HEISE- Online (25.01.2007): „Der chinesische Präsident fordert ein "gesundes Internet"", unter: http://www.heise.de/newsticker/Der-chinesische-Praesident-fordert-ein-gesundes-Internet-/meldung/84265

HEISE- Online (12.12.2006): „Online-Spiele werden in China stärker überwacht", unter: http://www.heise.de/newsticker/Online-Spiele-werden-in-China-staerker-ueberwacht--/meldung/82415

HEISE- Online (24.01.2006): „Britisches Parlament über WMF-Exploit angegriffen", unter: http://www.heise.de/security/news/meldung/68732

Internetnews.com (05.12.08): „Of China, Growth and TLDs. China's .cn moves up the ladder to become the second most popular TLD.", unter:
http://www.internetnews.com/stats/article.php/3789456/Of+China+Growth+and+TLDs.htm
MDR (21.09.2008): „Größtes Schlagerfestival in Osteuropa", unter: http://www.mdr.de/windrose/5781274.html

Neue Züricher Zeitung- Online (03.10.2008): „Skype räumt Zensur in China ein", unter:
http://www.nzz.ch/nachrichten/medien/skype_raeumt_zensur_und_verstoesse_gegen_privatsphaere_in_china_ein_1.1010489.html

New York Times- Online (19.12.2008): "China Blocks Access to The Time's Web Site", unter:
http://www.nytimes.com/2008/12/20/world/asia/20china.html?_r=2

New York Times- Online (26.06.2007): "Murdoch's Dealings in China: It's Business, and It's Personal", unter:
http://www.nytimes.com/2007/06/26/world/asia/26murdoch.html?scp=17&sq=china%20satellite%20tv&st=cse

SPIEGEL- Online (08.12.2008): „Chinesen wegen Kritik an Behörden in Psychiatrie eingeliefert", unter:
http://www.spiegel.de/panorama/gesellschaft/0,1518,594940,00.html

SPIEGEL- Online (29.08.2007): „Manga-Cops jagen Porno-Surfer", unter:
http://www.spiegel.de/netzwelt/web/0,1518,502636,00.html

TIME Magazine- Online (15.01.2008): „China's YouTube: Trouble for Beijing", unter:
http://www.time.com/time/world/article/0,8599,1703574,00.html

Wall Street Journal- Online (12.12.2008): "China's Democratic 'Charter' - 'Change is no longer optional.'", unter:
http://online.wsj.com/article/SB122904186671200179.html

Wall Street Journal- Online (11.12.2008): "Google's Top Ten Lists for China", unter:
http://blogs.wsj.com/chinajournal/2008/12/11/googles-top-ten-lists-for-china/

Wall Street Journal- Online (09.12.2008): "A Bold Media Move on the Psychiatric Detention of Complaining Citizens", unter: http://blogs.wsj.com/chinajournal/2008/12/09/a-bold-media-move-on-the-psychiatric-detention-of-complaining-citizens/

Wall Street Journal- Online (08.12.2008): "Worrying Trends for China's Online Journalists", unter:
http://blogs.wsj.com/chinajournal/2008/12/08/worrying-trends-for-chinas-online-journalists/

Wall Street Journal- Online (05.12.2008): "Poorer Nations Go Online on Cellphones", unter:
http://online.wsj.com/article/SB122844530354182063.html

Wall Street Journal- Online (07.11.2008): "Chinese Hackers Get Access to Some White House Emails", unter:
http://online.wsj.com/article/SB122609644394409609.html

Wall Street Journal- Online (17.10.2008): "Cameras Draw Closer to Beijing's Internet Cafes", unter:
http://blogs.wsj.com/chinajournal/2008/10/17/cameras-draw-closer-to-beijings-internet-cafes/

Wall Street Journal- Online (12.09.2008): "China's Internet Culture Goes Unchecked, for Now", unter:
http://online.wsj.com/article/SB122118468103726299.html

Wall Street Journal- Online (02.09.2008): "China's Pied Piper? The Internet and Youth", unter:
http://blogs.wsj.com/chinajournal/2008/09/02/chinas-pied-piper-the-internet-and-youth/

Wall Street Journal- Online (03.10.2008): "Skype's China Practices Draw Ire. Joint Venture's Tracking of Text Messages Adds Impetus to Web Code of Conduct", unter:
http://online.wsj.com/article/SB122291621892397279.html

Washington Post- Online (03.12.2008): "China Internet cafes switching to Chinese OS", unter:
http://www.washingtonpost.com/wp-dyn/content/article/2008/12/03/AR2008120300274.html

Washington Post- Online (24.10.2008): "E.U. Honors Jailed Chinese Dissident. Beijing Angered By Recognition Of AIDS Activist", unter: http://www.washingtonpost.com/wp-dyn/content/article/2008/10/23/AR2008102300541.html

Washington Post- Online (28.10.2008): "Google, Yahoo, Microsoft Put Their Weight Behind Global Plan Against Online Speech Restriction", unter: http://www.washingtonpost.com/wp-dyn/content/article/2008/10/28/AR2008102801444.html

WELT – Online (25. Oktober 2008): „Peking unterdrückt Berichte über Sacharow-Preis", unter: http://www.welt.de/welt_print/article2624497/Peking-unterdrueckt-Berichte-ueber-Sacharow-Preis.html

WELT – Online (12.August 2008): „Sie war den Organisatoren nicht hübsch genug", unter: http://www.welt.de/sport/olympia/article2299674/Sie-war-den-Organisatoren-nicht-huebsch-genug.html

WELT – Online (5. Februar 2008): „Chinas virtuelle Mauer. Internet- Blogger leben gefährlich, aber die Wirtschaft braucht das Netz.", unter: http://www.welt.de/welt_print/article1632652/Chinas_virtuelle_Mauer.html

WELT – Online (22. Oktober 2007): „25 Online-Tabuworte für Pekings Parteitag", unter: http://www.welt.de/welt_print/article1286597/25_Online_Tabuworte_fuer_Pekings_Parteitag.html

WIRED (26.11.2008): „Mumbai Attack Aftermath Detailed, Tweet by Tweet", unter: http://blog.wired.com/defense/2008/11/first-hand-acco.html

XINHUA English- Online (21.04.2008): „China's protection of human rights differs from Western countries", unter: http://news.xinhuanet.com/english/2008-04/21/content_8021857.htm

XINHUA English- Online (21.04.2008): „China expert sees country's human rights progress from historic perspective", unter: http://news.xinhuanet.com/english/2008-04/21/content_8022137.htm

XINHUA English- Online (13.03.2007): „New regulations to be drafted to supervise blogs", unter: http://news.xinhuanet.com/english/2007-03/13/content_5841975.htm

XINHUA English- Online (06.03.2007): „No new Internet bars allowed to open in 2007", unter: http://news.xinhuanet.com/english/2007-03/06/content_5806467.htm